ULRICH SCHLIE

... ein Tag im Leben des

Claus Schenk

Graf von Stauffenberg

ULRICH
SCHLIE

»Es lebe das heilige Deutschland«

ein Tag im Leben des Claus Schenk

Graf von Stauffenberg

EIN BIOGRAFISCHES PORTRÄT

HERDER 45

FREIBURG · BASEL · WIEN

Gesamtgestaltung und Konzeption:
Weiß-Freiburg GmbH – Graphik & Buchgestaltung
Umschlagabbildungen: © Rue des Archives/FIA/Süddeutsche
Zeitung Photo (Porträt), © AKG-Images (Wappen)

Herstellung:
fgb · freiburger graphische betriebe
www.fgb.de

Gedruckt auf umweltfreundlichem,
chlorfrei gebleichtem Papier

Printed in Germany

ISBN 978-3-451-29875-2

*Ein einziger Tag, der 20. Juli 1944,
hat alle Hoffnungen zunichte gemacht
und alle Menschen, aus deren Sein und
Handeln, aus deren Wesen und Erkennen
die geistige Erneuerung und der Wieder-
aufbau des Landes Gestalt gewinnen sollte,
mit einem tödlichen Schlag ausgelöscht.*[1]

Marion Gräfin Dönhoff (1945)

*Claus: Wer wäre frei genug um für das ganze
Auf sich zu laden solche last als wir?*[2]

Aus dem Gedicht »Vorabend« von
Alexander von Stauffenberg (nach 1945)

Inhalt

Vorwort

Stauffenbergs Biografie hat in den letzten Jahren eine öffentliche Aufmerksamkeit erfahren, die in diesem Ausmaß neu ist: Bücher, Fernsehdokumentationen, zuletzt der Hollywood-Spielfilm *Operation Walküre* mit Tom Cruise in der Rolle Stauffenbergs. Was erklärt diesen Stauffenberg-Boom? Mediale Inszenierung? Neu gewecktes Geschichtsbewusstsein? Späte Wiedergutmachung? Aussöhnung der Deutschen mit dem geschichtlichen Erbe der Männer und Frauen des 20. Juli? Jede Generation stellt sich mit ihren Fragen und Problemen der Geschichte neu. Das Geschichtsbild einer Nation wandelt sich im Blick auf frühere Ereignisse. Geschichtliches Wissen kann verloren gehen und muss deshalb von jeder nachwachsenden Generation aufs Neue erworben werden, vor allem wenn es mit ganz unmittelbaren Lehren für die Lebenden verbunden ist.

Meine Darstellung Stauffenbergs geht auf eine über 20-jährige Beschäftigung mit dem deutschen Widerstand gegen Hitler zurück. Sie greift die Ergebnisse der verzweigten Stauffenberg-Forschung auf. Mein Dank gilt deshalb den bisherigen Biografen Stauffenbergs, die mit ihren Arbeiten den Weg der zeitgeschichtlichen Forschung markiert haben: die Werke von Eberhard Zeller, Bodo Scheurig, Joachim Kramarz, Wolfgang Venohr und, vor allem, die große Biografie von Christian Müller und die Bücher Peter Hoffmanns, der wie kein Zweiter unser Wissen vom Widerstand gegen Hitler und über Stauffenberg vorangebracht hat. Der hier vorgelegte Essay wählt aus, er verkürzt und deutet Stauffenberg aus heutiger Perspektive. Er konzentriert sich auf den Weg zur Tat, die Motive seines Handelns und zeigt Claus von Stauffenberg maßgeblich vor dem Hintergrund seines Berufsverständnisses als Offizier und der Prägungen soldatischen Dienens in der ersten Hälfte des 20. Jahrhunderts.

Für vielfältige Anregungen danke ich Herrn Ewald von Kleist (München), für freundliche Unterstützung und hilfreiche Auskünfte Herrn Johannes Tuchel (Berlin), für ein umsichtiges Lektorat Herrn Patrick Oelze und Frau Silke Almendinger sowie meiner Ehefrau Stephanie Salzmann für die kritische und konstruktive Begleitung in allen Phasen.

Potsdam, im Mai 2009
Ulrich Schlie

Der längste Tag

DER 20. JULI 1944

Der Himmel am Morgen des 20. Juli 1944 ist grau, die Luft
stickig: Sonnenfinsternis. Ein schwül-warmer Sommertag.
Gegen 6 Uhr verlässt Claus von Stauffenberg zusammen mit
seinem Bruder Berthold die Wohnung in der Tristanstraße
in Berlin-Wannsee. Claus von Stauffenberg legt Wert auf
Pünktlichkeit, und er will keine Zeit verlieren. In rascher
Fahrt geht es zum Flughafen Rangsdorf, südlich von Berlin. Dort steht die Heinkel He 111 des Generalquartiermeisters Eduard Wagner schon bereit. Seit dem 20. Juni 1944 ist
Oberst Graf Stauffenberg Chef des Stabes beim Befehlshaber
des Ersatzheeres. Erst seit der Übernahme dieser Funktion ist
er berechtigt, unmittelbar bei Hitler vorzutragen. Dreimal
bereits war er zusammen mit seinem Chef, Generaloberst
Fromm, zum Vortrag beim Führer bestellt, die ersten beiden
Male auf dem Berghof am Obersalzberg, Hitlers beliebtem
Sommerquartier. Erst Anfang Juli verlegte Hitler von dort
sein Hauptquartier in die »Wolfschanze« nach Rastenburg in
Ostpreußen, dem heutigen Ziel. Rastenburg ist 560 Kilometer östlich von Berlin gelegen und damit in der Nähe zur
Front. In Rangsdorf auf dem Rollfeld warten bereits Stauffenbergs Adjutant, Oberleutnant Werner von Haeften, und
Generalmajor Hellmuth Stieff, der Chef der Organisationsabteilung im Generalstab des Heeres. Stieff, drahtig, klein
von Statur, hochbegabt und ehrgeizig, entspricht dem Äußeren nach dem Klischee des Landsknechts. Seit 1942 zählt er
zu den treibenden Kräften, die auf einen Umsturz und eine

Beseitigung Hitlers drängen, im entscheidenden Moment versagten ihm jedoch die Nerven. Oberleutnant Werner von Haeften, 1907 geboren, Sohn des Präsidenten des Reichsarchivs, war seit November 1943 Adjutant Stauffenbergs. In dieser Funktion war der jugendlich wirkende, gutaussehende Offizier, der selbst an der Ostfront schwer verwundet worden war, so etwas wie die rechte Hand Stauffenbergs, Hilfsgeist, Ratgeber und Freund in einem. Die anderen Teilnehmer des Fluges treffen kurz darauf bei der Maschine ein.

Stauffenberg verabschiedet sich von seinem Bruder Berthold, seinem engsten Vertrauten in menschlichen, politischen und militärischen Belangen. Berthold ist Marineoberstabsrichter im Hauptquartier der Seekriegsleitung: introvertiert, verschwiegen und mit hohem analytischem Verstand, ein Mann mit einem klaren ethisch-religiösen Kompass. Er wird sich anschließend von Rangsdorf zu seiner Dienststelle »Koralle« in den Norden Berlins bringen lassen und sich später unter einem dienstlichen Vorwand mit Ulrich von Schwerin und anderen Mitverschwörern in dessen Büro in der Nähe des Oberkommandos der Wehrmacht (OKW) in der Bendlerstraße treffen. Claus von Stauffenberg hat zwei Aktentaschen bei sich: In der einen sind die Unterlagen für seinen Vortrag, in der anderen zwei Ladungen Plastiksprengstoff von insgesamt zwei Kilogramm Gewicht. Bodennebel verzögert zunächst den Abflug. Nach zwei Stunden Flug schließlich, gegen 10.15 Uhr, landet die He 111 auf dem Rollfeld in Rastenburg. Ein Wagen steht bereit. Etwa sechs Kilometer lang ist der Weg vom Landeplatz zum Nordeingang des Sperrkreises III der »Wolfschanze«. Der Fahrer wartet bereits. Er kennt Stauffenberg aus früheren Begegnungen. Der Oberst gilt als kein angenehmer Fahrgast. »Er war nicht sehr gesprächig. Kurz angebunden, bestimmte er das Fahrziel, und dann schwieg er. Er setzte voraus, dass jeder Fahrer im Generalstab zu höchster Leistung bereit war«, erinnerte sich der Fahrer später.[3] Es geht über einen holprigen Weg durch hohe Wälder. Der Fahrer passiert den dritten Sperrkreis. Die Wachen kontrollieren den Sonderausweis mit dem grünen Ring. Und auch beim Tor des zweiten Sperrkreises gehen die Schranken anstandslos hoch. Der Ritterkreuzträger Stauffenberg ist sichtbar gezeichnet. Er hat in Nordafrika ein Auge, die rechte Hand und die beiden äußeren Finger der linken Hand verloren. Bei jüngeren Offizieren gilt er als Inbegriff des mutigen Kämpfers, als Vorbild und Held.

Im Sperrkreis II befinden sich die Wehrmachtunterkünfte und Wirtschaftsgebäude, das Kasino und das Krankenrevier. Hier will Stauffenberg zunächst verweilen. Die Lagebesprechung selbst ist für 13 Uhr angesetzt. Sie soll im Sperrkreis I stattfinden, im innersten Kreis mit Führerbunker, Wehrmachtführungsstab und Wehrmachtadjutantur. Hier sind auch die Unterkünfte von Göring, Bormann, Himmler, Speer und Keitel. Vom Sperrkreis II zum innersten Sperrkreis sind es nicht mehr als 800 Meter. Den Verschwörern verbleiben nach der ursprünglichen Planung knapp drei Stunden, um die Bombe scharf zu machen. Jetzt trennen sich auch die Wege von Stauffenberg und Haeften. Der Adjutant begleitet General Stieff zum Hauptquartier des Oberkommandos des Heeres (OKH), und Stauffenberg begibt sich zum Kasino, dem Kurhaus Görlitz, wo im Freien ein Frühstück vorbereitet ist. Stauffenberg unterhält sich mit Rittmeister von Moellendorf, dem Adjutanten Oberstleutnant Streves, des Kommandanten des Führerhauptquartiers. Was die Herren dabei im Einzelnen besprechen, entzieht sich unserer Kenntnis.

Gegen 11 Uhr lässt sich Stauffenberg in den Sperrkreis I bringen, um an einer Besprechung über Sperrdivisionen bei General Buhle, dem Chef des Heeresstabes beim OKW, teilzunehmen. Um 11.30 Uhr folgt eine Vorbesprechung der »Führerlage« bei Generalfeldmarschall Keitel, bei der letzte

Instruktionen für alle Vortragenden gegeben werden. Im Anschluss daran erfährt Stauffenberg, dass die Lage auf 12.30 Uhr vorverlegt worden ist. Denn Hitler erwartet um 14.30 Uhr seinen nächsten Gast: Italiens Duce Benito Mussolini. Eile ist geboten. Haeften, der jetzt wieder zu Stauffenberg gestoßen ist, fragt nach einem Raum, wo sich Stauffenberg frisch machen könne. Beide ziehen sich in den Aufenthaltsraum beim Eingang der OKW-Baracke zurück. Unverzüglich machen sie sich nun daran, die Sprengladungen mit einem Zünder zu versehen. Mit einer Flachzange muss Stauffenberg mit seinen drei Fingern der linken Hand die Kupferhülse des Zünders zusammenpressen. Genau in diesem Augenblick wird er gestört. Erich Fellgiebel, General der Nachrichtentruppe und Mitverschwörer, ruft bei Keitel an, um mit Stauffenberg zu sprechen. Das Telefonat war zwischen den beiden vereinbart worden, damit Stauffenberg einen Vorwand hatte, vor der Zeit aus der »Führerlage« aufzubrechen. Doch es kommt zu früh. Major Ernst John von Freyend schickt Oberfeldwebel Vogel los, um Stauffenberg zu holen. Und Vogel stürzt genau in dem Moment ins Zimmer, als Stauffenberg mit der Zange hantiert. Auf dem Fußboden liegen Papiere verstreut. Der Oberfeldwebel nimmt die Situation, auf die er sich keinen Reim machen kann, wahr und meldet Stauffenberg das Telefongespräch. Im Hintergrund mahnt nun auch John von Freyend zur Eile. Das Gewühl des Aufbruchs und ein Oberfeldwebel, der plötzlich in der halb geöffneten Tür steht und auf Abmarsch drängt, hindern Stauffenberg daran, die zweite Bombe scharf zu machen. Wäre dies, wie vorgesehen, geschehen, hätte vermutlich keiner das Attentat überlebt. Denn die Sprengwirkung der zeitversetzten Zünder wäre nicht nur verdoppelt, sondern vervielfacht worden.

300 Meter trennen die OKW-Bunker vom innersten »Führer-Sperrkreis«. Mit Buhle und John von Freyend legt

sie Stauffenberg zu Fuß zurück. Die Aktentasche mit dem Sprengstoff behält er in der Hand. Erst vor dem Eingang in die Lagebaracke trennt er sich von ihr und bittet den ahnungslosen Freyend, sie möglichst nah bei Hitler zu platzieren. Es ist 12.37 Uhr. Die Lage hat bereits angefangen. Generaladjutant Adolf Heusinger, der Stellvertreter des erkrankten Generalstabschefs, hat das Wort.[4] Er berichtet über die Situation an der Ostfront. Hitler hatte um einen Vortrag zur Lage östlich von Lemberg gebeten, und Heusinger hatte ausgeführt, dass die Vereinigung der beiden russischen Angriffskeile kaum mehr zu verhindern und die Reserven verbraucht seien. Hitler steht mit dem Rücken gegen den Eingang, hinter ihm ist kaum Platz, um die Tür zu öffnen.

Der Lageraum befindet sich am Kopfende der Baracke. Wände, Decke und Boden sind von leichter Bauart. Ein etwa zehn Meter breiter und vier bis fünf Meter tiefer Backsteinanbau grenzt daran. Die Bunkerwand bildet die eine Breitseite, in sie ist auch die Eingangstür eingelassen. Hitler steht rechts neben Generaloberst Jodl, links der Vortragende, Generalleutnant Heusinger. Rechts neben diesem hat Generalfeldmarschall Keitel Platz genommen. Ein Teilnehmer, General Warlimont, hat später den Augenblick festgehalten, als Stauffenberg den Raum betritt, »mit seinen schweren Kriegsverstümmelungen eine Inkarnation des Kriegers, schreckerregend und achtunggebietend zugleich«.[5] Hitler dreht sich kurz um und erwidert Stauffenbergs Gruß wortlos. Für Stauffenberg ist nur an der Ecke des schweren Eichentisches Platz. Die Teilnehmer der Lage beugen sich über eine Karte, die auf dem Tisch ausgebreitet ist, um die Truppenbewegungen nachvollziehen zu können. Keitels Frage, ob Oberst Graf Stauffenberg zur Situation der Reserven gleich vortragen könne, verneint Hitler. Er will zuerst hören, wie die Lage an den übrigen Frontabschnitten aussieht. Um 12.39 Uhr verabschiedet sich

Stauffenberg aus dem Kreis. Zu Keitel wendet er sich mit den Worten: »Herr Feldmarschall. Ich erledige noch rasch ein Telefongespräch und komme gleich wieder.«[6] Und dem neben ihm stehenden Oberst Heinz Brandt flüstert er zu: »Ich lasse meine Mappe so lange hier. Ich muss noch schnell telefonieren.«[7] Weniger als fünf Minuten ist Stauffenberg im Raum gewesen: Zeit genug, um von Freyend die sprengstoffgefüllte Aktentasche in Hitlers Reichweite, an einem Tischbein, deponieren zu lassen. Infolge des überstürzten Aufbruchs lässt er Koppel und Kopfbedeckung im Vorraum zurück.

Zu Fuß begibt er sich zur Adjutantur der Wehrmacht, um zu sehen, wo Haeften mit dem Fahrer verblieben ist. Mittlerweile ist es 12.50 Uhr. In der Lage wird Stauffenberg zu diesem Zeitpunkt bereits vermisst. Noch immer ist Heusinger, der Chef der Operationsabteilung, beim Vortrag. Da kommt es zu einer gewaltigen Explosion. Ein Teilnehmer erinnert sich: »Dann kam diese Detonation mit einem gelben Blitz. Sie drückte einen praktisch nur noch nach unten. Und ich sah nur, dass Major John von Freyend, der am Fenster stand, der sprang gleich aus dem Fenster raus, und da aber keiner wusste, was im Moment los war, bin ich dahinter aus dem Fenster rausgesprungen.«[8]

Starke Stichflammen schlagen nach allen Seiten unter der Tischplatte hervor. Die Lagekarten stehen in Flammen, die Besprechungsteilnehmer werden zu Boden oder aus dem Fenster geschleudert. Inmitten des Durcheinanders ist Keitels Stimme zu hören: »Wo ist der Führer?« Hitler überlebt, leicht verletzt. Sein Luftwaffenadjutant hat die Situation festgehalten: »Am Eingang der Baracke bot sich mir ein furchtbares Bild. Dort lagen bereits einige Schwerverletzte, andere Verwundete taumelten umher und stürzten nieder. Hitler wurde von Feldmarschall Keitel geleitet. Er ging sicher und aufrecht. Sein Rock und seine Hose waren zerrissen, aber sonst schien es mir, dass er keine wesentlichen Verletzungen davongetragen hatte.«[9] Weinend fällt der Generalfeldmarschall dem Diktator in die Arme, der nun, auf Keitel gestützt, zu seinem Wohnbunker wankt. Eine seiner Sekretärinnen hat den armseligen Eindruck, den er abgab, geschildert: »Die Neugier trieb uns in den Führerbunker. [...] Sein [Hitlers] Haar war nie besonders gut frisiert gewesen, aber jetzt sah er aus wie ein Igel, so standen ihm die Haare zu Berge. Die schwarze Hose hing in schmalen Streifen vom Gürtel, fast wie ein Baströckchen. Die rechte Hand hatte er zwischen die Knöpfe seines Uniformrocks geschoben, der Arm war geprellt.«[10] Es herrscht ein heilloses Durcheinander. Flucht und Zerstörung beherrschen die Szene. General Walter Warlimont war dabei: »Wo eben noch Menschen und Dinge in einem Mittelpunkt des Weltgeschehens gestanden hatten, war nichts anderes übrig als das Stöhnen der Verwundeten, sengender Brandgeruch und im Zugwind flatternde Fetzen verkohlter Karten und Papiere.«[11] Alle 24 Personen, die sich zum Zeitpunkt der Explosion im Raum befunden hatten, werden zu Boden geschleudert; einige werden dabei so schwer verwundet, dass sie später ihren Verletzungen erliegen.

Stauffenberg und Haeften hören den Knall. Sie drehen sich um und beobachten die Detonation im Freien. Ein Nachrichtenoffizier, der neben ihnen steht, kommentiert, das Wild löse häufiger Minen aus. Von der Mächtigkeit der Erschütterung schließen sie darauf, dass Hitler nicht mehr am Leben sein könne. Würde es ihnen jetzt gelingen, ungehindert die drei Sperrkreise zu verlassen und das Flugzeug für die Rückkehr nach Berlin zu besteigen? Denn Stauffenberg, der Mann des Attentats, ist zugleich auch im fernen Berlin die zentrale Persönlichkeit für den Staatsstreich. Ein verhängnisvoller Regiefehler der Verschwörer? Die nächsten Augenblicke werden entscheidend sein. Sein Fahrer erinnert sich an die Hast, mit der der Aufbruch erfolgt. »Es waren keine zehn Minuten vergangen, da kam Stauffenberg aus dem T-Haus und näherte sich schnellen Schrittes meinem Wagen. Ich war erstaunt, dass seine Berichterstattung schon beendet war, und ließ den Motor an. Verwundert war ich auch darüber, dass er seine Aktentasche nicht mehr bei sich hatte. Doch es stand mir nicht zu, irgendwelche Fragen zu stellen. Ich hatte einen Befehl, und der war bedingungslos auszuführen. Stauffenberg setzte sich neben mich und befahl: ›Ab zum Flugplatz!‹.« Es ist gegen 13 Uhr, als Stauffenberg und Haeften den Sperrkreis I verlassen. Noch einmal entsteht eine kritische Situation. Der Wachhabende der Westwache will Stauffenbergs Wagen nicht passieren lassen. Er telefoniert, und wieder hat Stauffenberg Glück. Der Lagerkommandant Streve, für sein strenges Regiment bekannt, ist nicht erreichbar, da er schon zur Unglücksstelle unterwegs ist. Und dessen Adjutant Moellendorf, mit dem Stauffenberg noch am Vormittag gefrühstückt hat, gibt den erlösenden Befehl. Stauffenbergs Wagen darf passieren. »Dann ging auch hier endlich der Schlagbaum hoch, und wir hatten freie Fahrt bis zum Flugplatz«, erinnert sich Stauffenbergs Fahrer. »Erleichtert feuerte mich Stauffenberg an: ›Nun ab zum Flugplatz! Zeig, was du kannst […], es kommt jetzt auf jede Minute an!‹« Es ist der letzte Wagen überhaupt, der die »Wolfschanze« an diesem Tag verlässt. Haeften entledigt sich auf der Fahrt des zweiten Sprengstoffpakets, indem er es aus dem Fenster wirft. Ungehindert erreicht der Wagen das Flugfeld. Am Einstieg der zweimotorigen Maschine wartet bereits der Pilot. Stauffenberg verabschiedet sich von seinem Fahrer mit den Worten: »Haben Sie vielen Dank. Wünschen Sie uns viel Glück.«[12]

Die Maschine hebt ab. Zweieinhalb Stunden Flugzeit stehen Stauffenberg und Haeften bevor, die sie ungenützt verstreichen lassen müssen, in denen sie nichts für den Staatsstreich unternehmen können. Würde es den Mitverschworenen in dieser Zeit gelingen, die Erhebung unumkehrbar zu machen? Gegen 15.45 Uhr landet die He 111 auf einem der Berliner Flughäfen – Stauffenbergs treuer Fahrer Schweizer hat mit Bestimmtheit versichert, dass es nicht Rangsdorf war. Endlich, gegen 16.30 Uhr, treffen Stauffenberg und Haeften im Bendlerblock ein.

Dort herrscht kein einheitliches Lagebild. Wertvolle Stunden sind durch Unentschlossenheit verschenkt worden. Vor allem waren die für den Staatsstreich entscheidenden Walkürebefehle viel zu spät ausgelöst worden. »Walküre« ist der von Hitler genehmigte Einsatzplan für den Fall innerer Unruhen und bezeichnet damit eigentlich einen Plan der Wehrmacht, mit dem die Mobilisierung des Ersatzheeres zur Niederschlagung eines Putsches von SS und Partei ins Werk gesetzt werden sollte. Ende Juli 1943 hatte General Olbricht zudem eine zweite Stufe eingeführt, die die »schnellste Zusammenfassung« der Einheiten zu »einsatzfähigen Kampfgruppen« vorsah. Mit »Walküre I«, der Vorstufe von »Walküre II«, wurde von da an die Herstellung der Einsatzbereitschaft bezeichnet. Das Walküre-Szenario wollten die Verschwörer nun zum realen Schlag gegen den nationalsozialistischen Herrschaftsapparat nutzen. Bereits fünf Tage zuvor hatte General Friedrich Olbricht »Walküre« zum ersten Mal anlaufen lassen – eigentlich wäre nur Olbrichts Vorgesetzter, Generaloberst Fromm, dazu berechtigt gewesen –, doch Stauffenberg konnte das schon für diesen Zeitpunkt geplante Attentat in Rastenburg nicht ausführen, weil die Lage bereits nach wenigen Minuten aufgelöst worden war und Hitler vorzeitig den Raum verlassen hatte. Nur mühsam war es den Verschwörern im Anschluss daran gelungen, diesen Walkürealarm als Übung zu tarnen. Fromm hatte sich dafür eine Zurechtweisung von Generalfeldmarschall Keitel gefallen lassen müssen und wiederum seinerseits General Olbricht für sein eigenmächtiges Vorgehen gerügt.

Jetzt, am 20. Juli, war »Walküre« erst ausgelöst worden, nachdem Haeften nach der Landung im Bendlerblock angerufen und die Nachricht von Hitlers Tod weitergegeben

Mit seiner Ernennung zum Chef des Stabes beim Befehlshaber des Ersatzheeres am 20. Juni 1944 konnte Stauffenberg bei Hitler unmittelbar vortragen. Das Bild zeigt ihn (ganz links) mit Generalfeldmarschall Wilhelm Keitel (ganz rechts), dem Chef des Oberkommandos der Wehrmacht, und Hitler in dessen »Führerhauptquartier Wolfschanze« im ostpreußischen Rastenburg am 15. Juli 1944. Es ist die einzige Aufnahme von Stauffenberg und Hitler zusammen.

CLAUS SCHENK GRAF VON STAUFFENBERG

hatte. Einen großen Anteil an der Verzögerung und dem unklaren Lagebild hatte einer der Mitverschwörer, der General der Nachrichtentruppe Erich Fellgiebel. Denn Fellgiebel
war es, der nach dem Attentat nur eine beschränkte Nach-
richtensperre verfügte und gegen 13 Uhr mit einem Anruf
in der Bendlerstraße bei Generalleutnant Fritz Thiele, dem
Stabschef für das Heeresnachrichtenwesen, darüber berich-
tete, dass das Attentat zwar erfolgt, Hitler jedoch am Leben
sei. Damit ist ein Fall eingetreten, der von den Verschwörern
nicht vorgesehen war. Denn Voraussetzung für »Walküre«
war eigentlich Hitlers Tod gewesen. Fellgiebel drängt auf die
Auslösung der Walkürebefehle. Thiele aber behält die wichtige Nachricht zunächst für sich und verschwindet, anstatt zu
handeln, für einen zweistündigen Spaziergang von der Bild-
fläche. Erst um 15 Uhr kehrt Thiele zurück und versucht die
Nachrichtenverbindungen wiederherzustellen. Kurz nach 16
Uhr herrscht in der Bendlerstraße wieder normaler Fernmel-
deverkehr.

Albrecht Ritter Mertz von Quirnheim, Olbrichts Stabschef, ist am 20. Juli einer der wenigen, die couragiert und
entschlossen handeln. Er fackelt nicht lange und gibt die entscheidenden Befehle aus. Als General Olbricht gegen 15.15
Uhr von seinem über zweistündigen Mittagessen zurück-
kommt, wird er mit vollendeten Tatsachen konfrontiert. Er
kann nun nicht anders, als den für ihn vorgesehenen Part zu
übernehmen. »Der Mertz hat mich überspielt«[13], hat Olbricht
später einem weiteren gemeinsamen Mitstreiter, Hans Bernd
Gisevius, anvertraut. Olbrichts Zögern in den entscheidenden Stunden des 20. Juli ist im Nachhinein von Wissenschaft
und Publizistik heftig kritisiert worden. Über die Gründe ist
viel spekuliert worden. Waren es die Pannen in der Ablauf-
planung, war es Entschlusslosigkeit oder waren es gar letzte Zweifel? Entscheidend bleibt indes, dass Olbricht danach

ohne Wenn und Aber an zentraler Stelle ganz auf der Seite der Verschwörer stand und dafür mit dem Leben bezahlte.

Kurz vor 16 Uhr informiert Mertz die leitenden Offiziere des Heeresamtes über Hitlers Tod und darüber, dass nun General Beck zum Staatsoberhaupt und Feldmarschall von Witzleben zum Oberbefehlshaber der Wehrmacht ernannt seien. Alle Wehrkreise, der Standortkommandant und die Heeresschulen werden angewiesen, den Befehl »Walküre II« auszugeben. Der Staatsstreich kommt in Fahrt. Gegen 16 Uhr begibt sich Olbricht zu seinem Chef, Generaloberst Fromm. Alles hängt davon ab, ihn zum Mitmachen zu bewegen. Doch auch dieses Mal entzieht sich Fromm. Er bezweifelt, dass Hitler wirklich tot ist. Olbricht verspricht Gewissheit und stellt eine Telefonverbindung zu Generalfeldmarschall Keitel in Aussicht. Ist dies eine Finesse im Vertrauen darauf, dass die Verbindung nicht zustande kommen wird? Oder setzt Olbricht zu diesem Zeitpunkt alles auf eine Karte, indem er darauf spekuliert, dass Hitler vielleicht doch den Folgen des Attentats erlegen ist? Oberleutnant Ewald Heinrich von Kleist, der mit drei weiteren jungen Offizieren, Georg von Oppen, Hans Fritsche und Ludwig von Hammerstein-Equord, aus dem benachbarten Hotel Esplanade als eine Art Reserveordonnanz in der Bendlerstraße eingetroffen ist, hört, als er am Zimmer des Generals Fromm vorbeigeht, »wie dieser am Telefon sagt: ›Also, Herr Feldmarschall, ich kann mich darauf verlassen, der Führer lebt?‹« – »Das«, so Kleist im Rückblick, »war kein gutes Zeichen.«[14]

Kurz darauf treffen Stauffenberg und Haeften in der Bendlerstraße ein. Sie werden dort bereits in Stauffenbergs Zimmer von den Mitstreitern Berthold von Stauffenberg, Fritz-Dietlof von der Schulenburg und Ewald Heinrich von Kleist erwartet. Stauffenberg bekräftigt, dass Hitler tot sein müsse. Olbricht, der von Fromms Zweifeln berichtet hat, schlägt vor, ein weiteres Mal zu Fromm zu gehen. Stauffenberg meldet sich bei Fromm. Er erklärt, dass er die Bombe gezündet habe. Niemand, der im Raum gewesen sei, könne mehr am Leben sein. Olbricht erklärt, dass »Walküre« ausgelöst worden sei. Es kommt zu einem entscheidenden Wortwechsel in Fromms Diensträumen, direkt neben Stauffenbergs Zimmer. In einem erregten Gespräch, bei dem an Stauffenbergs Seite Werner von Haeften und Ewald von Kleist stehen, erklärt Fromm, Keitel habe ihm versichert, dass der Führer lebe. Stauffenberg entgegnet, dass Keitel wie immer lüge. Am Ende verlangt Fromm: »›Sie müssen sich sofort erschießen!‹ Und Stauffenberg antwortet kühl: ›Das werde ich nicht tun, Herr Generaloberst.‹ Darauf Fromm: ›Dann sind Sie verhaftet.‹ Stauffenberg erwidert: ›Herr Generaloberst, wir kennen die Situation. Wenn jemand verhaftet wird, dann sind Sie das.‹«[15] Fromm geht auf Stauffenberg mit den Fäusten los. Er klappt zusammen, als ihm Kleist und Haeften die Pistole auf den Bauch setzen. Stauffenberg erklärt: »Herr Generaloberst haben jetzt fünf Minuten Bedenkzeit.«[16] Anschließend verlässt er den Raum. Nach fünf Minuten erklärt Fromm gegenüber Olbricht: »›Unter diesen Umständen betrachte ich mich als außer Gefecht gesetzt‹, gab seinem Nachfolger Generaloberst Erich Hoepner das Ehrenwort, nichts Feindliches zu unternehmen, und wurde neben seinem Dienstzimmer – unserem alten Esszimmer, wo Hitler mal geredet hatte – in der Anrichte interniert.«[17] Dass es nicht gelingt, den Befehlshaber des Ersatzheeres für die Verschwörung zu gewinnen, ist ein großes, wenn nicht das entscheidende Manko, das wesentlich zum Scheitern des Staatsstreichs beiträgt. Doch ist zu diesem Zeitpunkt die Sache des Aufstands noch nicht verloren.

Nicht nur in der Bendlerstraße, auch in der »Wolfschanze« herrscht zunächst ein uneinheitliches Lagebild. Entschlussfreude und Nervenstärke genauso wie Attentismus und

Mutlosigkeit finden sich am 20. Juli 1944 auf beiden Seiten. Im Führerhauptquartier zum Beispiel schleppt sich Hitlers Luftwaffenadjutant Nicolaus von Below gleich nach dem Attentat, noch an Hals und Kopf blutend, in die benachbarte Nachrichtenbaracke und gibt den Befehl, alle Nachrichtenverbindungen außer für Hitler, Keitel und Jodl zu sperren.

Über den Verursacher der Explosion herrscht dort zunächst Unklarheit. Zuerst nimmt man an, es sei der Einschlag einer Fliegerbombe gewesen. Dann richten sich die Mutmaßungen gegen die Bauarbeiter der Organisation Todt, die auch das Kartenhaus errichtet hatten, und gegen die für die Telefonanlage Verantwortlichen, weil die Bombe genau in dem Augenblick hochgegangen war, als einer der Teilnehmer der Lage zum Telefon gegriffen hatte. Bald schon gerät allerdings auch Stauffenberg in Verdacht. Lederteile seiner zerfetzten Aktentasche werden im Barackenschutt gefunden. Der Aufbruch des Obersten in großer Eile, ohne Koppel und Kopfbedeckung und unmittelbar bevor das Hauptquartier ganz abgeriegelt werden konnte, tragen Züge einer Flucht. Hitler und seine Helfer versammeln sich. Auch der Reichsführer-SS, Heinrich Himmler, hat sich aus seiner 25 Kilometer entfernten Feldkommandostelle am Mauersee in die »Wolfschanze« begeben, um das weitere Vorgehen zu besprechen. Er ordnet eine Untersuchungskommission aus dem Reichssicherheitshauptamt an und gibt den Befehl, Stauffenbergs Flugzeug abzuschießen.

Goebbels hat es später als Glücksfall bezeichnet, dass der Haftbefehl gegen Graf Stauffenberg in Berlin zu spät ankam. »Denn«, so Goebbels in seinen Tagebüchern, »wäre er am Flugplatz dingfest gemacht worden, so wäre wahrscheinlich die Aktion in Berlin nicht angerollt, und die Putschistenverbrecher, die heute schon erschossen sind, würden wahr-

Wände, Decke und Boden des Lageraumes im Führerhauptquartier waren von leichter Bauart. Als am 20. Juli die Bombe zündete, löste die Explosion gewaltige Verwüstungen mit Toten und Verwundeten aus. Hitler indes überlebte mit zerrissenem Rock und leichten Blessuren.

scheinlich noch in Amt und Würden stehen. Im Großen und Ganzen kann man sagen, dass, wenn schon das Attentat und der Putsch stattfinden mussten, er gar nicht günstiger verlaufen konnte.«[18]

Günstig war es vor allem für Goebbels selbst gekommen, und dies hing mit einer weiteren Wendung der Erhebung gegen 19 Uhr und dem Verhalten des Wachbataillons »Großdeutschland« zusammen. Um 16.10 Uhr hatte das Bataillon das Alarmstichwort erhalten: »Walküre« ist ausgerufen. Eine Schlüsselrolle liegt jetzt bei dessen Kommandeur, dem jungen Major Otto Ernst Remer, einem eingefleischten Nationalsozialisten vom Typus des Nur-Soldaten, für den allein Befehl und Gehorsam die Maßstäbe bestimmen. Die Offiziere des

Wachbatallions werden gegen 17 Uhr zum Kommandeur befohlen. Es heißt, Hitler sei etwas zugestoßen und die vollziehende Befehlsgewalt sei auf das Heer übergegangen. Der Auftrag des Wachbataillons lautet: das Regierungsviertel abzusperren und sofort die SS zu bekämpfen. Im Bendlerblock ist die Wache schon gegen 16.15 Uhr auf Befehl General Olbrichts in Alarmbereitschaft versetzt worden. Jetzt herrscht Ausgangssperre. Der Zufall will es, dass sich an jenem Tag ein kriegsversehrter junger Leutnant, Walter Hagen, im Hauptberuf Referent im Propagandaministerium, zu Schulungsvorträgen beim Wachbataillon aufhält. Hagen schöpft sofort Verdacht. Er erhält die Erlaubnis, seinen Chef Goebbels zu informieren. Auch dessen Dienstsitz steht auf der Liste der von den Verschwörern zu besetzenden Gebäude.

Als Remer beim Reichspropagandaminister vorstellig wird, ist dieser also bereits gewarnt. Kurz vor Remers Ankunft hat er zwei Kapseln mit Zyankali eingesteckt. Goebbels will auf alles gefasst sein. Reichsminister Albert Speer, den der Gauleiter von Berlin zur Verstärkung zu sich gebeten hat, schildert den Augenblick, als Goebbels beherrscht, aber nervös Remer gegen 19 Uhr empfängt, der gekommen ist, um den Reichspropagandaminister zu verhaften. »Goebbels hielt ihm das entscheidende, alles umstoßende Argument entgegen: ›Der Führer lebt!‹ Und als er bemerkte, wie Remer erst stutzig und dann sichtlich unsicher wird, setzt er unverzüglich nach: ›Er lebt! Ich habe noch vor wenigen Minuten mit ihm gesprochen! Eine kleine ehrgeizige Clique von Generälen hat den Militärputsch begonnen!‹«[19] Die Nachricht, dass Hitler noch lebt, wirkt auf den in die Enge getriebenen Remer erlösend. Er lässt sich mit Hitler verbinden und kann sich davon überzeugen, dass dieser das Attentat tatsächlich überlebt hat. Von ihm erhält Remer den Auftrag, Ruhe und Sicherheit in der Hauptstadt wiederherzustellen.

Der Gefechtsstand des Wachbataillons wird nun in das Goeb-bels-Ministerium verlegt. Remers spätere Schilderung der Ereignisse trägt allerdings bereits verschleiernde Züge, mit denen Zweifel aufgrund von Remers Schwanken zerstreut werden sollten: »Ich [Remer] bat den Herrn Reichsminister, zu den Männern zu sprechen. Der Herr Reichsminister tat das auch. Er umriss kurz die Situation, geißelte mit offenen Worten den verbrecherischen Anschlag auf das Leben des Führers und wies auf die geschichtliche Aufgabe hin, die in diesem Augenblick dem Wachbtl. Großdeutschland gestellt sei. Anschließend teilte ich meinen Männern mit, dass ich vom Führer persönlich den Auftrag bekommen habe, jeden Widerstand rücksichtslos zu brechen«. Die Abriegelung des Regierungsviertels wird jetzt aufgehoben. Remer schickt nun auch einen Vertrauten in die Bendlerstraße und erfährt auf diese Weise gegen 21 Uhr, wo sich die Zentrale der Ver-schwörung befindet.

Im Ostflügel des zweiten Obergeschosses der Bendlerstra-ße herrscht zu jener Zeit noch immer emsige Betriebsam-keit, die sich freilich nicht allen erschließt. Denn die Mehr-zahl derjenigen, die sich dort aufhalten und ihrem Dienst nachgehen, ist nicht eingeweiht. Ein Augenzeuge berichtet: »Irgendwo in der Nähe der Räume des Befehlshabers stand ein feldgrauer Posten vor einer offenen Tür. Dahinter, in der Ecke, saßen still zwei gefangene SS-Männer. In einem ande-ren Raum war man guter Dinge. Ein Dutzend Offiziere un-terhielt sich aufgeräumt über die nächste Zukunft: ›Jetzt wird es ganz anders sein... der HJ-Rummel hört auf... Ley mit seiner Kraft und seiner Freude...‹«[20] Einige Voreilige haben bereits den Hakenkreuzadler auf ihrer Feldbluse abgetrennt. Stauffenberg kämpft auf schier verlorenem Posten, gibt An-weisungen, treibt an. Eine der Sekretärinnen serviert ein im-provisiertes Abendbrot: Stullen und Wurstsalat. Otto John, der Lufthansasyndikus, der für Stauffenberg über spanische und portugiesische Kanäle die Möglichkeiten für einen separaten Friedensschluss sondiert hat, erinnert sich der scheinbar endlos sich hinziehenden, die Nerven stark strapazierenden Stunden des tatenlosen Abwartens. »Danach saß ich wieder da, rauchend und wartend, zeitweilig der Einzige im Zimmer, während die anderen in ihre Dienstzimmer oder ins Kasino hinunter zum Essen gegangen waren.«[21]

Eugen Gerstenmaier, der spätere Bundestagspräsident, hatte als Mitarbeiter im Kirchlichen Außenamt der evangelischen Kirche und in der Informationsabteilung des Auswärtigen Amtes geholfen, auch nach Kriegsausbruch die Verbindung der Verschwörer zur freien Welt aufrechtzuerhalten. Er war ein aufrechter Patriot und überzeugter Hitlergegner, besonnen und so schnell durch nichts aus der Ruhe zu bringen. Als er jetzt am 20. Juli gegen 18 Uhr, und zwar mit Bibel und Pistole, in die Bendlerstraße kommt, findet er eine gespenstisch angespannte Atmosphäre seltsamer Stille in den sonst so betriebsamen Räumen vor. »Auf dem Flur kam mir Fritzi Schulenburg entgegen. Er begrüßte mich herzlich, aber ich sah, dass er sich Mühe gab, unbefangen zu wirken. Er hielt noch an der Vision fest, dass Hitler tot sein müsse. […] [Claus Stauffenberg] wirkte nicht aufgeregt, aber so angespannt und intensiv beim Sprechen, dass ich ihn nicht mit einer Begrüßung stören wollte.«[22]

Schließlich trifft auch Feldmarschall von Witzleben, nach dem Willen der Verschwörer der neue Oberbefehlshaber der Wehrmacht, in Begleitung von Generalquartiermeister Wagner in der Bendlerstraße ein. Er war zunächst in das Hauptquartier des Heeres nach Zossen gefahren und hatte dort von General Wagner erfahren, dass das Attentat misslungen sei. War auch die Erhebung gescheitert? Gisevius berichtet, wie Witzleben eintritt: »in der einen Hand die Mütze, in der anderen schwenkte er den Marschallstab, die Grüße der Achtungstellung einnehmenden Offiziere lässig erwidernd. Sein Gesicht ist hochrot [...] Stauffenberg meldet sich bei dem Marschall. ›Schöne Schweinerei, das‹, knurrte ihn Witzleben an.«[23] Stauffenberg erklärt Hitler für tot. Witzleben will es nicht glauben. Sie begeben sich in die Diensträume des Befehlshabers, wo Fromm seinen Arrest zu reichlichem Cognacgenuss genutzt hat. Noch einmal kommt es zu einer lebhaften Aussprache. »Witzleben und sogar Beck fuchtelten dann und wann mit den Händen in der Luft herum. Ein paarmal schlägt Witzleben mit der Faust auf den Tisch. Stauffenberg und Schwerin, beide groß und schlank, beide grau in grau, beide den Blick starr zu Boden gesenkt, flankierten die Szene wie marmorne Säulen.«[24] Otto John erfasst mit sicherem Instinkt, dass sich das Blatt gewendet hat. Er tritt den Rückzug an. Haeften versichert er beim Abschied, falls er am Tag darauf von Schwerin keinen Anruf bekomme, werde er am Morgen Punkt 8 Uhr auf Stauffenbergs Apparat anrufen. Auch Haeften hat den Ernst der Lage begriffen. Denn seine Erwiderung an John ist vielsagend: »Dann haben wir es geschafft, oder wir werden alle gehängt.« Doch noch geben sich die Verschwörer nicht geschlagen. Haeften erklärt lächelnd, dass es so weit noch lange nicht sei, und drückt John herzhaft die Hand: »Auf Wiedersehen, bis morgen!«[25] Auch einigen anderen der Verschwörer sollte noch am Abend der Rückzug aus der Bendlerstraße gelingen.

Es wird noch ein paar Stunden dauern, bis die Soldaten des Wachbataillons die Schaltstellen der Verschwörung besetzt haben. Befehle und Gegenbefehle lösen sich ab. Nur noch scheinbar hat Stauffenberg jetzt das Heft in der Hand. Er eilt von Raum zu Raum, treibt an, gibt Befehle aus und telefoniert mit den Kommandostellen im Reich. Otto John erinnert sich, wie Stauffenberg reagiert, als er Himmlers Gegenbefehle erhält: »Er riss dem Mädchen einen Telefonhörer aus der Hand, zog mit seinem rechten Armstumpf einen Stuhl herbei, ließ sich darauf fallen und horchte mit äußerster Spannung. Dann sprach er, überdeutlich und hastig: ›Hier Stauffenberg – jawohl – ja – alles Befehle des BdE [Befehlshaber des Ersatzheeres] – jawohl, es bleibt dabei – alle Befehle sind sofort auszuführen – Sie müssen sofort alle Rundfunk- und Nachrichtenstellen besetzen – jeder Widerstand wird gebrochen – wahrscheinlich bekommen Sie Gegenbefehle aus dem Führerhauptquartier – die sind nicht autorisiert – nein – die Wehrmacht hat die vollziehende Gewalt übernommen – niemand außer dem BdE ist autorisiert, Befehle zu erteilen – haben Sie verstanden? – Jawohl – das Reich ist in Gefahr – wie immer in Stunden der höchsten Not, hat jetzt der Soldat die vollziehende Gewalt – ja, Witzleben ist zum Oberbefehlshaber ernannt – es ist nur eine formelle Ernennung – besetzen Sie alle Nachrichtenstellen! – klar? – Heil!‹«[26]

»Walküre« war rückgängig gemacht. Mit Blitztelegramm Hitlers wurde angeordnet, dass den Befehlen Fromms und Witzlebens nicht Folge zu leisten sei. Noch verlassen einige den Bendlerblock, um zum Abendessen ins benachbarte Kasino bei der Matthäikirche zu gehen. Ist Hitler tot? Oder doch am Leben? Bereits um 18.30 Uhr war das Rundfunkkommuniqué, wonach Hitler nicht mehr am Leben sei, per Fernschreiben für unzutreffend erklärt worden. Und Großadmiral Dönitz hatte um 20 Uhr einen Aufruf über den »heimtückischen Mordanschlag« an die Männer der Kriegsmarine gerichtet. Generalfeldmarschall von Witzleben hatte da schon die Bendlerstraße verlassen. Er gab den Staatsstreich wohl schon verloren. In Paris dagegen verlaufen die vom Militärbefehlshaber in Frankreich, General der Infanterie Carl-Heinrich von Stülpnagel, und dessen Stabsoffizier Cäsar von Hofacker ausgelösten Alarmmaßnahmen und

Verhaftungen von SS, SD und Gestapo erfolgreich, auch es wenn nicht gelingt, den Oberbefehlshaber West, Generalfeldmarschall von Kluge, zum Mitmachen zu bewegen. Gegen 23 Uhr sind dort über 1000 SS- und SD-Angehörige im Gewahrsam der Heeresstellen. Erst als die Nachrichtenlage nach Mitternacht am Scheitern des Staatsstreichs in Berlin keinen Zweifel mehr zulässt, werden die Gefängnisse wieder geöffnet und wird die ganze Aktion als Übung deklariert. Auch in Wien und Prag verlaufen die Aktionen zunächst im Sinne der Verschwörer.

Gegen 21.15 Uhr kündigt ein Rundfunksprecher an, dass Hitler bald zum deutschen Volk sprechen werde. Für die Verschwörer wird die Lage kritisch. Olbricht lässt Waffen an die Stabsoffiziere ausgeben. Er sorgt sich um die Verteidigung des Bendlerblocks. Die sich dort formierende Gegenbewegung von Offizieren wächst. Diese wollen sich nicht mehr mit den Befehlen zufriedengeben, die Olbricht anstelle Fromms erteilt, und verlangen von ihm, dass er sich erklären möge. Gegen 22.30 Uhr versammelt Olbricht alle Offiziere des Allgemeinen Heeresamtes – insgesamt sind es etwa 30 – in seinem Büro. Ein Teilnehmer erinnert sich: »Der General erzählte (anders kann ich seine Redeweise nicht bezeichnen), dass er Nachrichten über den Tod des Führers habe und nun auch Nachrichten vom Gegenteil. Er wisse nicht recht, was man glauben solle. Achselzuckend und mit hin und wieder ausgebreiteten Händen bewegte er sich vor uns. Schließlich hielt er eine Bewachung des ›Bendlerblocks‹ durch uns für angebracht.«[27] Es wird beratschlagt und schließlich beschlossen, dass sich die Offiziere mit dem Wachdienst abwechseln. Dazu wird es indes nicht mehr kommen. Denn die Gegenbewegung bekommt die Oberhand. Jetzt rächt sich, dass die Verschwörer in ihren ersten Maßnahmen nicht entschlossen genug gewesen waren. So hatte etwa Oberst von Roell,

Gruppenleiter in Fromms Stab, mit dem Heerespersonalamt in der »Wolfschanze« Verbindung aufnehmen können, um sich über die Rechtmäßigkeit von Hoepners Kommando über das Ersatzheer zu erkundigen. Von General Olbrichts Büro hatte Roell am Nachmittag noch die erforderlichen Passierscheine ausgehändigt bekommen, um sich zu Generalmajor Maisel ins Heerespersonalamt nach Lübben zu begeben und von dort Gegenbefehle an die Wehrkreise auszusenden. Kurz vor 23 Uhr gelingt es Hitler-loyalen Offizieren, Fromm aus seinem Arrest zu befreien. Mit Fromm an der Spitze ziehen fünf Offiziere, mit Maschinenpistolen, Pistolen und Handgranaten bewaffnet, zu Olbrichts Dienstzimmer. Olbricht wird verhaftet. Sie verlangen Aufklärung und den Grafen Stauffenberg zu sprechen. Mit innerer Ruhe erwidert Olbricht: »Sie sehen, meine Herren, hier ist er nicht – er wird vorn in seinem Zimmer sein.«[28] Eugen Gerstenmaier, der Zivilist, erkennt den Ernst der Lage. »Ich schlug vor, uns ernsthaft zu bewaffnen. Ich sah unter uns nur die am Koppel getragene Pistole. Stauffenberg trug nicht einmal eine. Aber Peter Yorck meinte, das sei zwecklos. Göring werde uns durch die Luftwaffe zusammenbomben. Wir wurden immer schweigsamer. Da ich einstweilen gar nichts tun konnte, hatte ich mich wartend in ein daneben liegendes kleines Zimmer an einen Schreibtisch gesetzt. Die Tür stand weit auf. Ich hatte meine Pistole aus der Tasche genommen und sie vor mich hingelegt, verdeckte sie aber mit einer Zeitung. Plötzlich wurde es unruhig in den Zimmern nebenan. Ich blickte auf und sah Claus Stauffenberg mit zurückgewandtem Kopf in seiner leichten Sommerlitewka eilends dem Flur zugehen. Gleich darauf fiel ein Schuss, dem einige folgten. Wer auf wen schoss, war nicht auszumachen.«[29]

Was ist passiert? Stauffenberg eilt in großer Erregung zu Olbricht. Als er sieht, was sich in dessen Zimmer abspielt, ver-

sucht er sofort zu fliehen. Friedrich Georgi, damals als Generalstabsoffizier im Oberkommando der Luftwaffe in Bernau
bei Berlin eingesetzt, ist am 20. Juli von seinem Schwieger-
vater, General Olbricht, unter einem dienstlichen Vorwand
in die Bendlerstraße gerufen worden. Er sollte als einer der
Letzten aus dem bereits umstellten Gebäude entkommen und
erinnerte sich später: »Ich konnte ihm [Stauffenberg] durch
Blockieren der Tür einige wenige Sekunden Zeitvorsprung
verschaffen, bis ich überwältigt wurde. Stauffenberg floh. Einige der erstgenanten Offiziere stürzten hinterher, die anderen blockierten die Zimmertür meines Schwiegervaters. In
dieser Situation entwickelte sich eine kurze Schießerei und
ein wüstes Durcheinander.«[30]

»An der Tür des Geschäftszimmers«, so Kunrat von Hammerstein-Equord, »tauchten plötzlich Gestalten auf, die ich
vorher noch nicht gesehen hatte: Zahlmeister und ein ›Ka-
nonenoffizier‹ mit Maschinenpistolen und Handgranaten im
Koppel. Sie drängten alle Leute, die zufällig auf dem Flur
waren, in das Geschäftszimmer hinein. Ich ging nicht mit,
weil ich zu Kortzfleisch [General Joachim von Kortzfleisch]
zurückwollte, der ein paar Zimmer weiter saß. Als ich zur
Tür gekommen war, fielen mehrere Schüsse. Ich ging sofort
hinter einem Schrank in Deckung und griff nach meiner
Pistole. ›Lassen Sie stecken, es hat keinen Zweck‹, sagte der
kleine dicke Oberstleutnant mit Schnurrbart. Er stand neben
mir hinter dem gleichen Schrank. Ich sah, dass am Ende des
Flurs wohl auf Stauffenberg, der das Geschäftszimmer wieder
verlassen hatte, geschossen wurde. Der Flur war halbdun-
kel.«[31] Stauffenberg wird verletzt. Zwei Offiziere schießen
hinter ihm her. Knapp entgeht er den Kugeln, indem er sich
ins Büro rettet. Kurz vor 23 Uhr taucht Fromm mit Gefolge
in Stauffenbergs Büro auf, in das sich auch Beck, Mertz, Haeften, Olbricht und Hoepner zurückgezogen haben. Im Pa-

pierkorb verbrennen Papiere. »Rechts daneben, also vorn in der Mitte«, erinnert sich ein Zeuge, »stand Stauffenberg, die Höhle seines herausgeschossenen Auges durch keine Klappe mehr verdeckt, den einzigen Arm mit den drei Fingern leicht gebeugt. Wütend und drohend sah er auf Fromm. [...] Rechts an der Wand, etwas weiter hinten, lehnte sich Oberleutnant von Haeften, aufrecht stehend, mit den Händen auf dem Rücken leicht gegen die Wand. Er sah mit fast geschlossenen Lidern vor sich nieder, in einem inneren Gleichgewicht höheren Grades, das mich bei Unterhaltungen mit ihm früher schon angezogen hatte. Ganz vorne links, hinter dem Tisch, unter dem die Papiere brannten, saß ein älterer Herr in Zivil. Nach längerer Betrachtung entsann ich mich, einmal Bilder von ihm in den Zeitungen gesehen zu haben. Es musste der Generaloberst Beck sein. Auch er sah vor sich hin, ohne sich zu rühren. Hinter Stauffenberg stand ein großer Tisch inmitten des Zimmers. Hinter diesem saß merkwürdigerweise General Olbricht, der doch soeben verhaftet worden war. Dies Absonderliche fiel mir aber damals nicht auf. Ganz im Hintergrund, neben Fromms Schreibtisch am Fenster, ragte die große Gestalt des Generalobersten Hoepner, von einer Stehlampe von unten hell beschienen.«[32] Der Staatsstreich ist gescheitert. Fromm erklärt die Verschwörer für verhaftet. Sie müssen ihre Waffen abgeben. Er befiehlt ihre Erschießung. Beck ergreift das Wort und erinnert an gemeinsame Zeiten. Der Bericht des Augenzeugen darüber ist beklemmend: »Er sah den Gerichtsherrn [Fromm] an: ›Mein lieber Fromm... Ihr Urteil mag gerecht... und mag auch notwendig sein... aber... erschossen werden möchte ich nicht. ...Denken Sie bitte an die Jahrzehnte unserer gemeinsamen Soldatenzeit... unsere lange... lange Kameradschaft. Ich bitte Sie... ja, ich bitte Sie, mir zu gestatten, dass ich dieses... Ihr Urteil ... selbst an mir vollziehe.‹ [...] Offenbar enttäuschte Fromm ihn insofern nicht, als dieser sich ihm nun näherte und ihm seine Pistole reichte. Beck stand aufrecht und betrachtete die Pistole in seiner Hand. Nach einer Weile entsicherte er sie mit Bedacht. [...] [Fromm] fuhr Beck hart an: ›Bitte beeilen Sie sich!‹ Verstört sah Beck auf und sagte langsam und bewegt: ›Das ist nicht so leicht, mein lieber Fromm.‹ [...] ich [spürte] in diesen letzten Sekunden den Mangel an Überzeugung, sich selbst durch den Tod bestrafen zu sollen. Beck schloss die Augen fest zu und drückte ab.«[33] Beck wankt nach dem Schuss schwer verletzt. Stauffenberg versucht ihn zu stützen. Er übernimmt die volle Verantwortung. »Alles, was heute geschehen ist, wurde durch meine Befehle veranlasst. Nur das, was ich sagte, wurde getan. Alle haben als Soldaten, als meine Untergebenen, nur auf mich gehört, so wie sie es mussten. Sie trifft darum überhaupt keine Schuld. Ich bin es allein, der alles zu verantworten hat. Ich allein bin daher schuldig.«[34]

Kurz nach Mitternacht, der Kalender zeigt bereits den 21. Juli 1944 an, bringt der Volksempfänger letzte Klarheit. Im Sender Königsberg wird für das gesamte Sendegebiet des Großdeutschen Rundfunks eine Schellackschallplatte aufgelegt, die Hitler am frühen Abend in der »Wolfschanze« hat aufzeichnen lassen: Auf den Führer sei heute ein Sprengstoffanschlag verübt worden. Aus seiner Umgebung seien schwer verletzt: Generalleutnant Schmundt, Oberst Brandt, Mitarbeiter Berger. Leichtere Verletzungen hätten davongetragen: Generaloberst Jodl, die Generale Korten, Buhle, Bodenschatz, Heusinger, Scherff, die Admirale Voß, von Puttkamer, Kapitän zur See Aßmann und Oberstleutnant Borgmann. »Ich weiß nicht, zum wievielten Male nunmehr ein Attentat auf mich geplant und zur Ausführung gekommen ist«, tönt Hitlers knisternde Stimme. »Wenn ich heute zu Ihnen spreche, dann geschieht es aus zwei Gründen: Erstens, damit Sie meine Stimme hören und wissen, dass ich selbst unverletzt und gesund bin. Zweitens, damit Sie aber auch das Nähere erfahren über ein Verbrechen, das in der deutschen Geschichte seinesgleichen sucht. Eine ganz kleine Clique ehrgeiziger, gewissenloser und zugleich verbrecherischer, dummer Offiziere hat ein Komplott geschmiedet, um mich zu beseitigen und zugleich mit mir den Stab praktisch der deutschen Wehrmachtführung auszurotten. Die Bombe, die von dem Oberst Graf von Stauffenberg gelegt wurde, krepierte zwei Meter an meiner rechten Seite. Sie hat eine Reihe mir teurer Mitarbeiter sehr schwer verletzt, einer ist gestorben. Ich selbst bin völlig unverletzt bis auf ganz kleine Hautabschürfungen, Prellungen und Verbrennungen. Ich fasse es als eine Bestätigung des Auftrages der Vorsehung auf, mein Lebensziel weiter zu verfolgen, so wie ich es bisher getan habe.«[35] Im amtlichen Kommuniqué des Großdeutschen Rundfunks heißt es lakonisch: »Der Führer selbst hat außer leichten Verbrennungen und Prellungen keine Verletzungen erlitten. Er hat unverzüglich darauf seine Arbeit wieder aufgenommen und – wie vorgesehen – den Duce zu einer längeren Aussprache empfangen.«[36]

Jetzt herrscht Gewissheit. Nicht nur das Attentat, auch der Staatsstreich ist gescheitert. Etwa zur gleichen Zeit werden die Verurteilten in den Innenhof des Bendlerblocks geführt. Autoscheinwerfer sorgen für Licht. Die Verhafteten müssen sich vor einem Sandhaufen aufstellen, der wegen Bauarbeiten aufgeschüttet ist. Leutnant Schady vom Wachbataillon Großdeutschland führt das Erschießungkommando. Es ertönt: »Zur Salve – legt an!« Zehn ausgewählte Unteroffiziere heben ihre Gewehre. Dann folgt das Kommando: »Gebt – Feuer.« Die ersten Schüsse treffen Olbricht. Dann zielen die Gewehrläufe auf Stauffenberg. Die Kugeln verfehlen zunächst ihr Ziel. Noch im erneuten Kommando ertönt Stauffenbergs Ruf: »Es lebe das heilige Deutschland!«[37] Er ist sofort tot. Nach ihm treffen die Kugeln Albrecht Ritter Mertz von Quirnheim tödlich. Es ist Viertel nach zwölf.

Das Leben Claus Graf von Stauffenbergs ist gewaltsam zu Ende gegangen. 36 Jahre alt ist er geworden. Sein letzter Tag ist nicht nur sein längster, es ist auch der Tag gewesen, mit dem er sich in die deutsche, in die europäische Geschichte eingeschrieben hat. An diesem 20. Juli hat er versucht, den Lauf der Geschichte zu ändern. Dies ist ihm nicht gelungen, und doch hat er Geschichte geschrieben. Stauffenberg war ein Mann der Tat, und sein letzter Tag war der Tag der Tat.

Was danach kommt, gehört nicht mehr im engeren Sinn zu den Ereignissen des 20. Juli. Der Vollständigkeit halber sei es kurz erzählt. Generaloberst Fromm lässt unverzüglich ein Fernschreiben an die Spitzen der Wehrmacht herausgehen. Um 0.21 Uhr läuft es an alle Dienststellen, die vorher die Befehle der Verschwörer erhalten haben: »Putschversuch von unverantwortlichen Generalen blutig niedergeschlagen. Sämtliche Anführer erschossen [...] Ich habe die Befehlsgewalt wieder übernommen, nachdem ich vorübergehend durch Waffengewalt festgenommen war.« Darunter die Unterschrift »Fromm, Generaloberst«. Jetzt begibt sich auch Fromm in den Hof. Die Erschießung selbst hatte er nur vom Fenster verfolgt. Die Leichen der Hingerichteten werden auf einen Lastwagen verladen. Sie sollen noch in der Nacht auf dem alten St. Matthäus-Kirchhof in Schöneberg an der Großgörschenstraße bestattet werden, so wie sie sind, in voller Uniform und mit allen Orden und Ehrenzeichen. Auch der Leichnam von Generaloberst Beck wird dorthin verbracht, nachdem ein Feldwebel den schwer verletzten einstigen Generalstabschef erschossen hatte. Zwei Versuche Becks, sich selbst zu töten, waren gescheitert.

Hitlers drohend-trotzige Ankündigung in seiner Königsberger Rundfunkrede sollte sich in den nächsten Tagen und Wochen auf grausame Weise bewahrheiten: »Ich bin der Überzeugung, dass wir mit dem Austreten dieser ganz kleinen Verräter- und Verschwörerclique nun endlich aber auch im Rücken der Heimat die Atmosphäre schaffen, die die Kämpfer an der Front brauchen. [...] Diesmal wird nun so abgerechnet, wie wir das als Nationalsozialisten gewohnt sind.«[38] Befehlshaber des Ersatzheeres ist nun Himmler, Generalstabschef wird Heinz Guderian. Eine Verhaftungswelle ungekannten Ausmaßes rollt an. In der Wehrmacht wird der deutsche Gruß eingeführt. Göring und Dönitz übertreffen sich in Treueschwüren. Wie so oft in nationalsozialistischer Zeit bemühen sie die Vorsehung, und sie verunglimpfen die Männer des 20. Juli. »Männer der Kriegsmarine«, poltert Dönitz in seinem Tagesbefehl am 21. Juli. »Heiliger Zorn und maßlose Wut erfüllt uns über den verbrecherischen Anschlag, der unserem geliebten Führer das Leben kosten sollte. Die Vorsehung hat es anders gewollt – sie hat den Führer beschirmt und behütet und damit unser deutsches Vaterland in seinem Schicksalskampf nicht verlassen. Eine wahnsinnige kleine Generalsclique, die mit unserem tapferen Heere nichts gemein hat, hat in feiger Treulosigkeit diesen Mord angezettelt, gemeinsten Verrat an dem Führer und dem deutschen Volk begehend. Denn diese Schurken sind nur die Handlanger unserer Feinde, denen sie in charakterloser, feiger und falscher Klugheit dienten. In Wirklichkeit ist ihre Dummheit grenzenlos.«[39]

Schon am darauffolgenden Tag lässt Himmler die Leichname der Hingerichteten ausgraben, in einem Krematorium in der Gerichtsstraße in Wedding verbrennen und ihre Asche über den Feldern verteilen. Auch eine letzte Ruhe soll ihnen versagt bleiben. Doch die Macht der Willkür kennt Gren-

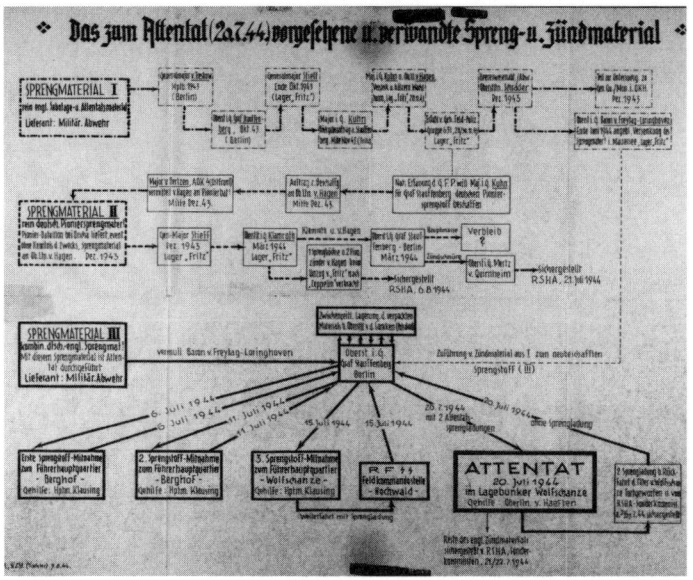

Die Gestapo versuchte in den Verhören den Weg der Sprengstoffbeschaffung für das Attentat nachzuverfolgen, auch um die daran beteiligten Personen zu ermitteln. Die Gestapo-Zeichnung ist auf den 3. August 1944 datiert.

zen. Die Spuren, die Stauffenberg und seine Mitverschwörer in der deutschen Geschichte hinterlassen haben, lassen sich nicht mehr auslöschen.

Prägungen
In frühen Jahren
(1907–1929)

Die Welt, in die Claus Schenk Graf von Stauffenberg am 15. November 1907 in Jettingen in Donauschwaben hineingeboren wurde, war eine scheinbar geordnete: Oben und unten waren klar bestimmbar, »Hierarchie«, »Obrigkeit« und »Untertan« waren gelebte Begriffe in einer ausgeprägten Klassengesellschaft. Über allem stand der Monarch. Das Deutsche Reich war eine konstitutionelle Monarchie, eine parlamentarische wurde es erst kurz vor dem Zusammenbruch 1918. Kaiser und Reich waren in der Verfassung verankerte und in der politischen Wirklichkeit fortlebende Begriffe. Der Adel verfügte über politische Macht, er blieb auch im deutschen Kaiserreich die politische Führungsschicht und war ein Stand oberhalb der Klassen: Bürgertum, Kleinbürgertum, Bauern und Industriearbeiter, alles an seinem Platz. Dabei wurde innerhalb jeder Klasse nochmals heftig differenziert, und auch innerhalb des Adels gab es große Unterschiede. Es bestand ein feines Gespür bei seinen Mitgliedern, das klar trennte, wer zum alten Adel gehörte und wer Neuadel war, also den gerade in der zweiten Hälfte des 19. Jahrhunderts nobilitierten Aufsteigern aus dem Bürgertum zuzurechnen war. Der Adel hatte seinen eigenen Stil und seine eigenen Werte. Und überall – in den Anreden, bei den Orden und Ehrenzeichen, überhaupt im gesellschaftlichen Verkehr – hatte das feste Reglement seinen Platz. War die wilhelminische Gesellschaft nun eine Untertanengesellschaft, wie Thomas Nipperdey einmal in Anspielung auf Heinrich Manns 1914 vollendeten Roman *Der Untertan* formuliert hat? Es gab das Kastenartige der Militärs, die Kultivierung von Gehorsam, Disziplin, Forschheit, einen formalisierten Ehrbegriff und die Übertragung dieser Kategorien durch das Institut des Reserveoffiziers auf die gebildeten Gesellschaftsklassen. Die Glorifizierung des Militärischen zog sich durch alle Bereiche. Die Figur des »General Dr. von Staat« (Thomas Mann) war eine Erscheinungsform, die mit dem Gefüge des kaiserlichen Deutschlands verbunden war. Doch es gab in dieser wilhelminischen Gesellschaft auch die Außenseiter, die sich gar nicht in dieses streng gegliederte Gefüge einpassen wollten, die sogenannten »Reichsfeinde«: die Katholiken, nie ganz vom Verdacht befreit, in Wirklichkeit als Ultramontane auf eine andere Autorität zu hören als diejenige von Kaiser und Reich, nämlich die päpstliche jenseits der Alpen (»ultra montes«). Es gab die Nachkommen der polnischen Saisonarbeiter im Ruhrgebiet, die dänische Minderheit im Norden und die Elsässer im sogenannten »Reichsland Elsaß-Lothringen«, einer besonderen staatsrechtlichen Schöpfung, an deren Spitze ein unmittelbar dem Kaiser unterstellter Reichsstatthalter stand. Freilich, die Klassengrenzen waren nicht in Stein gemeißelt, es gab Durchlässigkeit, und vor allem gab es Mobilität. Die Gesellschaft des späten deutschen Kaiserreichs war eine Gesellschaft in Bewegung: die Land-Stadt-Wanderung, der Aufstieg etwa der Arbeiter zu kleinen Angestellten oder Volksschullehrern, überhaupt der Dienstleistungssektor als Schwungrad des Aufstiegs, das sich ausdifferenzierende Bildungssystem, der Aufbruch in die Moderne, die Gegenbewegungen zum Naturalismus, die Neudefinition des Verhältnisses der Geschlechter zueinander, die Umwälzungen in Literatur und Kunst – all dies spricht gegen das strenge Verdikt von der Untertanengesellschaft. Und der Kaiser selbst, mit seiner Vorliebe fürs Renommieren und

Säbelrasseln, mit seinen markigen Trinksprüchen und seiner Großmannssucht, mit seinem Hang zum Männerbündischen und der Scheinwelt des Hoflebens verkörperte am besten die Zerrissenheit, das Unstet-Vordergründige der Epoche. Doch richtig ist: Adel und Militär, die beiden für die Lebenswelt Claus Stauffenbergs so prägenden Bereiche, waren in diesem Staat, der immer auch Militärstaat war, auf eine heute nicht mehr vorstellbare Weise privilegiert.

Die Schenken von Stauffenberg, reichsritterlich und frei-herrlich, zählen zum schwäbisch-fränkischen Uradel. Ihre Be-sitztümer liegen im bayerischen Schwaben, in Württemberg und in Oberfranken. Alfred, der Vater Claus von Stauffenbergs, diente dem württembergischen König als Oberhofmarschall, die Mutter Caroline, eine geborene Gräfin Üxküll-Gyllen-band, war Hofdame und Freundin der Königin. 1904 hatten die Eltern geheiratet, 1905 kamen die Zwillinge Berthold und Alexander zur Welt, 1907 erblickte Claus das Licht der Welt, sein mit ihm geborener Zwillingsbruder Konrad verstarb schon am Tag darauf. Die aufgeklärt-liberale Atmosphäre am Stuttgarter Hof König Wilhelms II., der sich als erster Bürger seines Landes verstand, sowie die Berührung mit der Bo-denständigkeit schwäbischer Vernunft zählten zu den ersten Erfahrungen Stauffenbergs, und zweifelsohne haben sie sein Verständnis von staatlicher Machtausübung, von Staatskunst und Wohlfahrt beeinflusst. Hier in den Einzelstaaten konn-te sich durchaus staatliches Leben entfalten. Denn in allen Bereichen, die das Reich nicht für sich beanspruchte, waren sie selbstständig geblieben, und die Reichsverfassung ließ ihr konstitutionelles Leben unberührt. Der Gegensatz etwa zwi-schen Mecklenburg, wo noch die altständische Verfassung, der Erbausgleich von 1755, bestand, und den süddeutschen Staaten hätte nicht größer sein können. Der Schwerpunkt ruhte in Württemberg wie andernorts in Süddeutschland auf

*Die Schenken von Stauffenberg zählen zum schwäbisch-fränkischen
Uradel. Der Vater Alfred diente dem württembergischen König als
Oberhofmarschall, die Mutter Caroline, eine geborene Gräfin Üxküll-
Gyllenband, war Hofdame und Freundin der Königin. Claus, Berthold
und Alexander mit ihren Eltern in Lautlingen, um 1923.*

der zweiten Kammer, die Anfang des 20. Jahrhunderts nach
den Grundsätzen des allgemeinen, gleichen, geheimen und
direkten Wahlrechts gewählt wurde.

Folgt man den erhaltenen Zeugnissen, war das Stauffenberg'sche Familienleben ausgesprochen harmonisch. Die
Mutter brachte ein literarisch-künstlerisches Element in die
Familie. Sie war den schönen Dingen zugetan, und ihre eigene Begeisterung für die Welt Shakespeares und Goethes
vermittelte sie auch den Kindern. Zu Hause führten die drei
Brüder den vierten Akt von Shakespeares *Julius Caesar* auf,
und von Claus (in der Rolle des Lucius) wird berichtet, dass

er über dem Lautenspiel eingeschlafen sei. Rainer Maria Rilke und Hugo von Hofmannsthal sind die Dichter dieser Zeit, und ihre Mutter Caroline sorgte dafür, dass die Brüder früh mit ihnen vertraut wurden. Später, auf dem Eberhard-Ludwigs-Gymnasium, dem ehrwürdigsten im Lande, erweiterte sich der geistige Horizont. Ernst von Weizsäcker, der gut zwanzig Jahre zuvor in der renommierten Anstalt die Schulbank drückte, schrieb leicht ironisch: »Cicero, Cäsar und Horaz müssen im Grabe stolz gewesen sein, mit welcher Intensität ihre Hinterlassenschaft jahraus, jahrein noch immer den jungen Schwabenschädeln eingebleut wurde.«[40]

Der Vater stand für die eher praktische Seite der Erziehung: Er verstand es auch, Polstermöbel zu beziehen und Lampen zu reparieren – in den Hungerwintern von 1917 und 1918 keine zu vernachlässigende Fähigkeit. Seine wiederkehrenden cholerischen Ausbrüche lernten die Knaben zu ertragen. Das Ende der Monarchie, die Abdankung des württembergischen Königs, scheint er nie ganz verwunden zu haben. Alfred von Stauffenberg diente dem König und, nach dessen Tod im Jahr 1921, dem Haus Württemberg als Präsident der herzoglich-württembergischen Rentkammer bis zu seiner Pensionierung im Jahr 1928. In den Wirrnissen des Novembers 1918 hatte Alfred von Stauffenberg einen klaren Kopf behalten und mit Umsicht den Rückzug des Königs aus dem Wilhelmspalast nach Bebenhausen organisiert. Auch an den Kindern ging dieser große Umbruch nicht spurlos vorbei. Sie erlebten alles mit. Es war die Welt von gestern, die auf den Schlachtfeldern des Krieges in ihren Grundfesten erschüttert worden war und die in den Tumulten von Spartakistenaufständen und allgemeinem Aufruhr endgültig versank. Die Familie musste nun aus der Dienstwohnung im Alten Schloss in die Stuttgarter Jägerstraße umziehen. Freilich, auch die Verhältnisse in dieser ansehnlichen Stadtwohnung können nur als herrschaftlich beschrieben werden, und die Lebensgesetze, nach denen die Brüder Stauffenberg erzogen wurden, bleiben die gleichen.

Es herrschte im Hause Stauffenberg ein offener und toleranter Geist, in dem die Beschäftigung mit der Religion und religiösen Fragen eine zentrale Rolle spielten. Der Vater war Katholik, die Mutter Protestantin. Getreu der Tradition des Hauses Stauffenberg wurden die Kinder nach dem Bekenntnis des Vaters erzogen. Doch die Auseinandersetzung mit den beiden Konfessionen als unterschiedlichem Erbe der väterlichen und der mütterlichen Familie begünstigte die Ökumene und erleichterte, dass auch Claus Graf Stauffenberg einmal seine eigene Familie konfessionell mischen sollte, indem er sich mit der Protestantin Nina Freiin von Lerchenfeld vermählte. Berthold von Stauffenberg hat später, in Gestapohaft, die Kirchenbindung seiner Familie zu erklären versucht, indem er sagte: »Wir sind zwar nicht das, was man im eigentlichen Sinne gläubige Katholiken nennt. Wir gingen nur selten zur Kirche und nicht zur Beichte.«[41] An der Prägung durch die katholische Kirche und die enge Verbindung der Familie mit dieser ändert dies nichts. Und für sein späteres Handeln, für die Motive, die Claus von Stauffenberg in den Widerstand gegen Hitler führten, war die sittliche Empörung über die Umwertung der Werte, über das Neuheidentum der Nationalsozialisten, die Indoktrination, ihre Kirchen- und Religionsfeindlichkeit und die Judenverfolgung ganz entscheidend. Claus von Stauffenberg wird übereinstimmend als tief religiöser Mensch beschrieben, und es hat mehr als symbolische Bedeutung, dass er am Vorabend von Staatsstreich und Attentat seinen Fahrer in Dahlem vor einer Kirche halten ließ, um sich dort in einem letzten Gottesdienst zu sammeln.

War die Religion die eine große Prägung der frühen Jahre, so heißen die beiden anderen wichtigen Einflüsse Geist und Politik. Nicht nur aufgrund der äußeren Umstände,

auch aufgrund seiner Veranlagung war Claus früh politi-
siert. 1913, während einer Diphtherieerkrankung, zerbrach
sich der Fünfjährige den Kopf über die diplomatische Lösung
des Zweiten Balkankrieges, und später, noch in vorgymna-
sialen Zeiten, verwickelte er seine Hauslehrerin oft genug in
politisch-philosophische Gespräche über Sein und Ewigkeit,
in Debatten etwa über Spenglers *Untergang des Abendlandes.*
Wie sehr die Politik das Schicksal einer Nation bestimmte,
dies mussten die in den ersten Jahren nach der Jahrhundert-
wende Geborenen während des Ersten Weltkriegs erfahren:
Die Militarisierung der Gesellschaft und eine fortschreitende
gesellschaftliche Umwälzung waren der Preis des langen
Krieges, den Gymnasiasten wie Stauffenberg mittels der
Meldungen von der Front mit angehaltenem Atem verfolgt
hatten. Und die Empfindung der Ohnmacht, das weithin als
Demütigung verstandene Vertragswerk, das die Sieger des
Krieges in Versailles und den anderen Pariser Vororten den
Verlierern auferlegten – Gebietsverlust, Abschaffung der Mo-
narchie, Verzicht auf Kolonien, Abrüstung und Begrenzung
auf ein 100.000-Mann-Heer, Reparationen, schließlich der
berühmt-berüchtigte Artikel 231 mit der Festschreibung der
alleinigen deutschen Kriegsschuld –, begleitete die Weimarer
Republik, deren erstes Jahrzehnt beinahe identisch mit Claus
Stauffenbergs Gymnasialzeit gewesen ist.

In der Hinwendung zur Natur, in der Rückbesinnung auf
die Ideale der Klassiker, auch in der Orientierung an weit in
die Vergangenheit zurückreichenden Vorbildern konnte sich
Claus von Stauffenberg mit vielen seiner Altersgenossen einig
wissen. Das Einssein mit der Natur, das Leben auf dem Lande
zählten zu seinen frühesten und prägendsten Erfahrungen.
Denn fast alle Ferien hatte er auf dem Landsitz in Lautlingen
im südwestlichen Teil der Schwäbischen Alb – ursprünglich
eine aus dem 16. Jahrhundert stammende Burg, die im 19.

Die Ferien verbrachten Claus (ganz rechts) und seine Brüder Berthold und Alexander regelmäßig auf dem Landsitz der Familie in Lautlingen auf der Schwäbischen Alb. Spiele im Garten, Wanderungen und Ausritte gehörten zu den gemeinsamen Unternehmungen.

Jahrhundert zu einem Schloss im Stil der Biedermeierzeit umgebaut worden war – verbracht. Spiele im Lautlinger Garten oder die Heuernte mit den Bauern gehörten für Claus und seine Brüder genauso dazu wie Wanderungen auf der nahen Schwäbischen Alb und regelmäßige Ausritte ins Umland. Überhaupt war Claus ein passionierter Reiter, und der spätere Weg zur Kavallerie wurde vermutlich hier, in den frühen Jahren, angelegt.

Das Militärische lag durchaus in der Familientradition. August Neidhardt von Gneisenau, der preußische Heeresreformer, zählte zu den mütterlichen Ahnen. Auch der Vater hatte gedient, und dessen Bruder Berthold erwarb als Kommandeur des 1. Königlich-Bayerischen Schweren Reiter-Regiments 1917 im Russlandkrieg große Meriten. Doch dass sich Claus später einmal für die Offizierslaufbahn entscheiden würde, war ihm nicht in die Wiege gelegt. Da war zunächst die zarte Gesundheit, die ihn immer wieder für längere Zeiten aufs Krankenlager gezwungen hatte, und da waren vor allem die literarisch-künstlerischen Neigungen, die den wachen Intellekt des jungen Mannes bestimmten. Architekt hieß zunächst das Berufsziel. Ein Schulaufsatz aus dem Jahre 1921 lässt allerdings in seinem jugendlich-pathetischen Ton vor allem das patriotische Bekenntnis, den Willen, für Volk und Vaterland Großes zu leisten, in den Vordergrund treten. Selbst die Architektur musste diesem übergeordneten Zweck dienen: »Jeder kann in seinem Beruf Neues, dem Vaterlande Erspriеßliches schaffen. Um das zu können, muss man freilich seine ganze Kraft und sein ganzes Interesse dem gewählten Berufe widmen, man muss sein Können in eine gegebene Form bannen.«[42] Solche Sätze waren keineswegs nur die schülerhaft-brave Rekapitulation eingeübter Formeln. Der kompromisslose Einsatz, zuletzt auch des eigenen Lebens, war ein bestimmender Zug von Stauffenbergs Charakter. Überall sollten höchste Maßstäbe gelten. Selbst die Architektur war, wie der Vierzehnjährige schrieb, »ganz untergeordnet unter das Erlebnis vom Deutschtum, von der Kultur im Allgemeinen, so dass jeder Bau gewissermaßen einen Tempel, der dem deutschen Volk und Vaterland geweiht ist, darstellt«.[43] Und im selben Aufsatz steht geschrieben: »Des Vaterlandes und des Kampfes fürs Vaterland würdig zu werden und dann sich dem erhabenen Kampf für das Volk zu opfern; ein wirklichkeits- und kampfbewusstes Leben führen.«[44] Man kann das jugendliche Pathos belächeln und aus heutiger Perspektive das Schreiben über »Deutschtum«, »Volk«, »Opfer« und »Kampf«

befremdlich finden. Doch kennzeichnete auch den erwachsenen Claus von Stauffenberg, was in diesem Schulaufsatz zur Geltung kommt: Er war absolut in seinen Forderungen und Zielen, und er war zu tiefem patriotischem Empfinden fähig. Und ein »wirklichkeits- und kampfbewusstes« Leben hat Claus von Stauffenberg wahrlich geführt.

Das Motiv für den späteren Eintritt in die Reichswehr klingt im Schulaufsatz schon an. Spielte auch der Einfluss der älteren Brüder eine Rolle? Die Zwillinge Berthold und Alexander hatten 1923 das Studium der Rechte in Heidelberg aufgenommen. Von klein auf waren die Brüder eng zusammen. Doch bei allen Gemeinsamkeiten und ihrer Zuneigung zueinander waren sie wiederum auch sehr verschieden: Alexander, der früh auf einen Lehrstuhl für alte Geschichte berufen werden sollte, und Berthold, der introvertierte, schweigsame, messerscharf denkende Jurist, der gerne in den auswärtigen Dienst gegangen wäre. Beide sollten sich für akademische Berufswege entscheiden, nachdem sie ein Leben als Soldat ausprobiert hatten. Die beiden älteren Brüder hatten sich als Zeitfreiwillige im Reiterregiment 18 gemeldet und waren in Stuttgart-Cannstatt und Ludwigsburg stationiert. Krankheit (bei Berthold) und die zeitige Einsicht, trotz Reitbegabung nicht für den Soldatenberuf geboren zu sein (bei Alexander), sorgten dafür, dass bei den beiden älteren Brüdern die Zeit in der Reichswehr ein kurzes Intermezzo blieb.

Anders Claus. Am 1. April 1926 trat er als Fahnenjunker in das 17. (Bayerische) Reiterregiment in Bamberg ein. Später hat er seinen Entschluss mit seinem Tatendrang begründet. Und in der Tat schien in dem jungen Mann eine innere Kraft zu wirken, die ihn nach vorne, zu neuen Ufern zog. Bereits im Sommer 1924 hatte er die Zulassung zur Reifeprüfung als Externer beantragt, ohne Erfolg. Im Oktober 1925 war er erfolgreicher. Als Angabe unter Berufsziel stand nun schlicht »Offizier«, und im Februar 1926 wurde seinem Gesuch stattgegeben. Bald darauf legte Claus von Stauffenberg mit leicht über dem Durchschnitt liegenden Noten – in Latein gab es allerdings nur ein »genügend« – am 5. März 1926 die Reifeprüfung ab. Doch neben dem Drang zur Tat dürfte es vor allem der Wunsch gewesen zu sein, Menschen zu erziehen, zu führen und zu bilden, kurzum, Vorbild zu sein, der den Ausschlag gegeben hat. Die Vermutung, dass auch diese Wendung bei der Berufswahl etwas mit dem Einfluss des Dichters Stefan George zu tun gehabt haben könnte, mag vielleicht auf den ersten Blick überraschen. Aber wer sich vergegenwärtigt, in welch starkem Maße Claus Stauffenbergs geistiges Fundament im Lebensjahrzehnt von 16 bis 26 von dem Dichter geprägt worden ist, der wird auch seine Berufswahl damit in Verbindung bringen. Der Historiker Walter Bußmann, der im Generalstab des Heeres im Krieg mit Stauffenberg zusammengearbeitet hat, zitiert zustimmend die Einschätzung des Biografen Kramarz: »die Wirkung, die George auf ihn ausgeübt hatte, übertrug Stauffenberg auch auf die Männer, die mit ihm im Widerstand zusammenarbeiteten.«[45]

War Stauffenberg ein Georgianer? In der Verkürzung Nina von Stauffenbergs, er habe den größten Dichter seiner Zeit zum Lehrmeister gehabt, kommt bereits die hohe Wertschätzung, aber auch die Wirkung zum Ausdruck, die George auf Stauffenberg hatte. Stolz und Dankbarkeit blieben die Gefühle, die Stauffenberg zeitlebens mit Blick auf seine Beziehung zu George hegte. Über diesen Einfluss ist immer wieder spekuliert worden, und er hat bisweilen auch als Beweis für Stauffenbergs angeblich antidemokratisches Denken, für einen falsch verstandenen Elitebegriff, für Einwände gegen eine angebliche Ikonisierung Stauffenbergs herhalten müssen. Doch würde man Stauffenberg Unrecht antun, wenn man ihn als bedingungslosen George-Jünger schildern würde. Dafür war er viel zu sehr eine eigene Persönlichkeit. Seine George-Begeisterung war zunächst nichts Außergewöhnliches. Er hat sie mit vielen anderen in seiner Generation geteilt. George entfaltete zu jener Zeit in Deutschland eine ungeheuere Wirkung, und diese Wirkung war bewusst kalkuliert. Er zelebrierte die Einheit von Leben und Werk und entzog seinen Kreis systematisch den Augen einer neugierigen Öffentlichkeit, was zu allerlei Spekulationen und Gerüchten führte. Heidelberg galt damals, in den Worten Edgar Salins, als »geheime Hauptstadt des Geheimen Deutschland«.[46] »Geheimes Deutschland«, so heißt auch ein Gedicht Stefan Georges, das vor dem Ersten Weltkrieg entstanden war. Seit etwa 1910 diente das Wort vom »geheimen Deutschland« dem Georgekreis als Verheißung einer kommenden Ordnung, eines geistigen Staates, der nicht nur eine Absage an die Zivilisation der Gegenwart war, sondern auch ein bewusstes Gegenmodell zu den in zunehmendem Maße als schmerzlich empfundenen Niederungen der politischen und militärischen Niederlage des Ersten Weltkriegs. Durch die Einwirkung auf ausgewählte Jüngere, den Kreis seiner Jünger – der Dichter nannte sie »Staatsstützen« –, wollte George die geistigen Voraussetzungen für sein neues Reich schaffen.

Vermutlich noch davor hatte Karl Wolfskehl in einem Aufsatz den Begriff des »geheimen Deutschland« geprägt, und den Stauffenberg-Brüdern wurde er später auch geläufig als Chiffre für ihr verborgenes Wirken im Widerstand gegen Hitler. In Heidelberg hatten die Stauffenberg-Brüder Berthold und Alexander 1923 ihr Studium aufgenommen. Im April 1923 wurden sie und Claus dem Dichter vorgestellt. Das Terrain war gut bereitet, George erwartungsvoll, eine Bekannte der Familie hatte sie ihm zugeführt. Und nach

*Der Dichter Stefan George (1867–1933) zählte für
Claus von Stauffenberg in seiner Jugend zu seinen Lehrmeistern.
Die Aufnahme vom Herbst 1924 zeigt George bei einem
Berlinaufenthalt mit den Brüdern
Claus und Berthold von Stauffenberg.*

der ersten Begegnung befand der Dichter die Stauffenberg-
Brüder für würdig, in seinen Kreis aufgenommen zu werden.
Eine Aufnahme vom Herbst 1924 zeigt George mit Berthold
und Claus, der schwärmerisch zu dem sinnend nach innen ge-
wendeten Dichter, ganz auf bedeutsam posierend, aufblickt.
Es ist das einzige Foto, das Stefan George mit Claus Graf
Stauffenberg zusammen zeigt, und entsprechend häufig wurde es als Beleg für die Epigonenthese hergenommen. Dabei
war die Beeinflussung durch George bei den beiden älteren
Zwillingen deutlich stärker ausgeprägt. Vor allem bei Alexander hatte die Begegnung tiefe Spuren hinterlassen. Dessen
rückblickende Äußerung spricht für sich: »Wenn ich nun den
Eindruck schildern soll, der von dem Dichter ausging, die

Wirkung, die er ausstrahlte, und die sich gleich geblieben ist vom ersten bis zum letzten Tag, so kann ich wohl sagen: nie wieder ist mir menschliche Größe begegnet in einer so unmittelbaren, so beinahe bestürzend dichten, so unbezweifelbaren Weise, und ich werde wohl mit Shakespeare – nach menschlichem Ermessen – sagen können: wir werden nimmer seinesgleichen sehen.«[47]

Stauffenbergs Mutter Caroline, beunruhigt durch die verbreiteten Gerüchte über das Wirken des Dichters, suchte George noch im Mai 1923 persönlich auf, um sich ein eigenes Bild zu machen. Offenkundig gelang es George dabei, etwaige Bedenken zu zerstreuen. Denn die Zusammenkünfte rissen danach nicht ab. Im Oktober 1924 schrieb Claus Stauffenberg an George, er habe »viel im Jahr der Seele gelesen« und dabei »den sinn der wachen nächte, den rythmus [sic] betenden lebens und den klang lauten flehens« kennengelernt: »Und je klarer das Lebendige vor mir steht, je höher das Menschliche sich offenbart und je eindringlicher die tat sich zeigt, umso dunkler wird das eigene blut, umso ferner wird der klang eigener worte und umso seltener der sinn des eigenen lebens, wol bis eine stunde in der härte ihres schlages und in der grösse ihrer erscheinung das zeichen gebe.«[48] Wenn Stauffenberg vom Zeichen »einer Stunde in der Härte ihres Schlages und in der Größe ihrer Erscheinung« sprach, dann kann dies durchaus als Hinweis auf kommende Dinge gewertet werden. Doch bei allem Sinn für dramatische Zuspitzung, die in dieser außergewöhnlichen Biografie angelegt ist, sollten wir uns im Wissen um den tatsächlichen Verlauf der Geschichte vor einer rein teleologischen Betrachtung hüten.

Zunächst war Claus von Stauffenberg bei seinem Eintritt in die Reichswehr ein junger Mann mit außergewöhnlichen Anlagen und Fähigkeiten: Er hatte seine Ideale, einen festen

Kompass, und: er hatte eine klare Lebensentscheidung getroffen. Den Eintritt in die Reichswehr hat er sich nicht leicht gemacht. An seinen Vater schrieb er, Wochen nachdem er die Uniform übergezogen hatte. »Dass die ersten jahre meines berufes nicht sehr schön sein würden war mir immer klar: es ist eben für unsereinen nicht leicht längere zeit hindurch den gemeinen zu spielen und auf alles geistige so ziemlich ganz zu verzichten.« Für längere Zeit den Gemeinen spielen – aus diesen Worten sprach das Standesbewusstsein und Vertrauen in die eigene Berufung. Aber darüber hinaus stützen sie auch die Deutung, wie ernst Stauffenberg das Dienstethos nahm, wie sehr er den Soldatenberuf als Dienst am Vaterland begriff. »Von der richtigkeit meines schrittes bin ich nach wie vor überzeugt und wenn dem vaterland durch die bereitstellung auch mehr geistiger (nicht rein sportlicher oder das militär aus begeisterung für stahlhelm und märsche suchender) menschen auch nur im geringsten der schatten eines vorteils erwachsen kann bin ich für das opfer einiger jahre meiner jugend reich entschädigt.«[49] Der junge Stauffenberg wollte sich in den Dienst des Vaterlandes stellen und seinen Beitrag leisten. Er war bereit, ein Opfer zu bringen. Dies war die Sprache der Zeit, doch es waren auch die mit Bedacht gewählten Worte eines früh Gereiften. Die Zugehörigkeit zum 100.000-Mann-Heer war an sich bereits Ausweis von Rang und Fähigkeit, denn es versteht sich, dass die Auswahl besonders streng war. Den Rock des Offiziers zu tragen, war damals mit gesellschaftlicher Anerkennung verbunden. Dass seine Wahl auf die Kavallerie gefallen war, entsprach der Familientradition und kam seiner Vorliebe fürs Reiten entgegen. Und familiäre Anknüpfungspunkte waren auch gegeben: Das Bamberger Reiterregiment führte die Tradition der 1918 aufgelösten bayerischen Kavallerieverbände fort, darunter diejenige des 1. Schweren Reiter-Regiments, in dem sein Onkel Berthold sich im Weltkrieg große Verdienste erworben hatte.

Die Anfänge waren hart: zu acht auf der Stube, Waschen in Blechschüsseln, für die das Wasser vom Wasserdienst in Kannen geholt wurde, heißes Duschen nur an Samstagen, tägliches Exerzieren, in den ersten Wochen kein Ausgang, danach nur sonntags und in Uniform. Es war ein hartes Regiment, dem sich der junge Offiziersanwärter unterwerfen musste. Beginn morgens um 6 Uhr mit Frühsport, 10 Uhr abends war Zapfenstreich. Das Sonderbewusstsein der Reichswehr spiegelte sich damals auch im Soldatenalltag und in der Erziehung der Offiziersanwärter wider. Stauffenberg war im Jahr von General Hans von Seeckts Entlassung in die Reichswehr eingetreten. Seeckt, Chef der Heeresleitung, hatte die Reichswehr konsequent gegen alle äußeren Einflussversuche abgeschirmt. Er verachtete das Weimarer Parteiensystem und verstand es, die Reichswehr konsequent allen innenpolitischen Einflüssen zu entziehen. Die Reduzierung des Heeres von 400.000 auf 100.000 Mann gab ihm die Möglichkeit, die restaurativen Tendenzen im Offizierskorps zu stärken und die alte Homogenität der Kaiserzeit wiedererstehen zu lassen. Politik hatte für Seeckt im Heer nichts zu suchen. Politische Bildung und lebenskundlicher Unterricht, den Begriff der »inneren Führung«, gab es damals noch nicht, allenfalls wurden im Fach Heerwesen Vorläufer davon behandelt. Man verfolgte zwar die politischen Ereignisse, aber mehr von der Zuschauertribüne aus. Eine Einmischung in politische Angelegenheiten widersprach grundlegend dem damaligen soldatischen Selbstverständnis. Sich-Fernhalten vom Parteiengetriebe, so lautete die Parole. Dafür war viel von nationalen Interessen und nationalen Zielen die Rede. Der Korpsgeist wurde gestärkt und auf eine klare Trennlinie zwischen Offizieren, Unteroffizieren und Mannschaften

Wert gelegt. Die Reichswehr verstand sich als *rocher de bronze* des Vaterlandes. Eduard Dietl, damals Hauptmann und Kompaniechef im Infanterieregiment 19 und später Taktiklehrer Stauffenbergs, hatte ein paar Jahre zuvor, im April 1922, gefordert, mehr dafür zu tun, um dem »Soldaten ein großes ideales National-Ziel [zu geben], auf das er immer wieder hingewiesen wird und das ihm die Überzeugung gibt, dass bis hinauf zu den führenden Kreisen alle das Gleiche wollen, dass aber nur die gegenwärtige Lage die sofortige Durchführung dieses Zieles verbietet«.[50] Die Vermittlung und Wiederbelebung dieses Zieles in der Truppe – und dies sagt viel über den Geist der Zeit aus – sah Dietl als »vornehmste Aufgabe des Kompagniechefs« an.

Nach der Rekrutenschule in Bamberg und anschließenden Manövern ging es im Oktober 1927 zum zehnmonatigen Fahnenjunkerlehrgang nach Dresden. Im Vorjahr erst war der Bau auf dem Gelände der ehemaligen Königlichen Sächsischen Kadettenanstalt erweitert worden. Hier versammelten sich die im gleichen Jahr eingestellten Offiziersanwärter aller Truppengattungen. Zwar kamen die Anwärter aus allen sozialen Schichten, doch die einzelnen Gruppen waren sehr unterschiedlich vertreten. Die mit Abstand größte Gruppe bildeten 1926 mit 44 Prozent die Söhne aktiver oder früherer Offiziere, es folgten die sogenannten gehobenen Berufe wie höhere Beamte, Professoren, Rechtsanwälte, Ärzte, Pastoren mit 41 Prozent. Und auch der Adel war mit einem Anteil von knapp 21 Prozent überrepräsentiert. Den höchsten Adelsanteil von allen Truppengattungen hatte naturgemäß die Kavallerie mit 45 Prozent in Stauffenbergs Eintrittsjahr. Die Republik war noch nicht ganz in den Kasernen angekommen. Dies mussten auch jene Besucher erfahren, die 1926 die neu eröffnete Infanterieschule in Dresden besuchten und vergebens nach einem Bild mit Bezug zum Staat von Weimar, geschweige denn einem Bild des Reichspräsidenten Ausschau hielten. Was sie fanden, waren lediglich Bilder von »Friedrich Wilhelm als jugendlicher Prinz«. Und weil die neuen Koppelschlösser noch nicht fertig waren, trugen viele der Fahnenjunker »noch das alte Koppelschloss mit der Königskrone und der Umschrift ›Gott mit uns‹.«[51]

Wie wir uns den Tagesablauf vorzustellen haben, davon geben die Erinnerungen eines Lehrgangsteilnehmers, der ein paar Jahre nach Stauffenberg den Fahnenjunkerlehrgang absolvierte, eine Vorstellung: »Der Unterricht im Hörsaal, der die Vormittage ausfüllte, bildete den Schwerpunkt der Ausbildung. Nach 18 Monaten überwiegend körperlicher Betätigung bedurfte es einiger Zeit, bis wir uns wieder an konzentrierte geistige Arbeit gewöhnt hatten. Wichtigster Unterrichtsstoff war Taktik im Rahmen des verstärkten Infanteriebataillons, meist im Hörsaal, gelegentlich aber auch im Gelände vermittelt. Die Taktiklehrer, zugleich die Hörsaalleiter, waren damit die einflussreichsten Lehrer und Erzieher.« Darüber hinaus erhielten die Fahnenjunker Unterricht im Pionier-, Nachrichten- und Kraftfahrwesen, in militärischem Zeichnen und in Vermessungskunde, Waffenlehre und Heerwesen. Staatsbürgerkunde und Sprachunterricht ergänzten den Stundenplan. »Zum praktischen Dienst, meist nachmittags, gehörten Waffendienst, Reiten, Fahren und Schießen. Im Geländedienst wurden wir in der Führung einer Gruppe im Gefecht unterwiesen. Für den Sport standen ein großer Sportplatz, eine Turnhalle und ein Schwimmbad zur Verfügung. Neben Leichtathletik, Geräteturnen und Schwimmen lernten wir Boxen und Fechten mit dem Florett. Der Erwerb des Reichssportabzeichens sowie des Prüfungs- und Lehrscheins der Deutschen Lebensrettungsgesellschaft war für jeden Offizieranwärter eine Selbstverständlichkeit.«[52] Am Ende stand eine viertägige Fähnrichprüfung, und am 1. August 1928 war es so weit: Claus von Stauffenberg wurde zum Fähnrich befördert. Die Ausbildung war damit noch nicht zu Ende. Für die besten Fähnriche der Kavallerieregimenter ging sie noch weiter, und zwar auf der Kavallerieschule in Hannover. Stauffenberg, nun schon zum Oberfähnrich befördert, tat sich dabei wiederum durch seine Leistungen hervor. Als Sechstbester des Jahrgangs und zugleich Jahrgangsbester der Kavallerie kehrte er im August 1929 zu seinem Regiment nach Bamberg zurück.

Bei allem Drill und der Prüfungsfron sollten die kulturellen Anregungen, die sich den Offiziersanwärtern boten, nicht vergessen werden. Vor allem die einstige Residenzstadt Dresden, das alte »Elbflorenz«, hatte ein Opern- und Theaterprogramm zu bieten, das seinesgleichen suchte. Und immerhin konnten die Fahnenjunker auf das Angebot ermäßigter Karten zurückgreifen. Stauffenberg hat dies hin und wieder getan. Von Vergnügungen leichterer Art hingegen hielt er nach übereinstimmendem Zeugnis seiner Lehrgangskameraden Abstand. Stauffenberg galt als anders, und er scheint darum gewusst zu haben. Gelegentlich, so wird berichtet, hat er andere seine geistige Überlegenheit spüren lassen. War der Zwanzigjährige schon eine ausgereifte Persönlichkeit? Die prägenden Jahre lagen hinter ihm. Den Rock des Soldaten, für den er sich nach sorgfältigem Abwägen 1926 entschieden hatte, sollte er nicht mehr ausziehen. Dem Staat zu dienen, dieser Grundsatz stand von da an über seinem Leben. Er wollte es so, darauf hatte er sich all die Jahre vorbereitet. Leben hieß für ihn: Krieger sein. Was für die Stoiker gilt, traf auf ihn im wahren Wortsinn zu. Dem Staat zu dienen hieß für ihn später: kämpfen, und als der Staat gänzlich in die Hände der Verbrecher gefallen war und kein anderer sich dazu bereit fand, das Äußerste zu wagen: Staatsstreich und Attentat.

Dienen und Kämpfen

Soldat sein

(1930–1940)

Wann die Demokratie in Deutschland der Diktatur erlag, darüber streiten die Historiker bis heute. Gemeinhin werden die Präsidialkabinette Brüning, Papen und Schleicher seit 1930, die sich auf Artikel 48 der Weimarer Reichsverfassung stützten, bereits als Niedergang der Republik von Weimar begriffen. In der politischen Krisensituation der 1930er Jahre waren die Strukturprobleme des deutschen Parteienstaates offenkundig, die parlamentarische Demokratie als Staatsform wurde von der Mehrheit der Deutschen nicht mehr akzeptiert. Weimar war, nach dem viel bemühten Diktum, zu einem ganz wesentlichen Teil eine Republik ohne Republikaner. Es entsprach deshalb der geistigen und politischen Entwicklung, dass sich militaristische Gesellschaftskonzeptionen immer mehr zum eigentlichen Gegenmodell zu dem als unfähig beurteilten parlamentarischen System entwickeln konnten. In den Augen vieler verlangte der permanente Ausnahmezustand nach einer ordnenden militärischen Hand. Die Reichswehr erschien, auch aufgrund ihres Sonderbewusstseins, mehr und mehr als einziger Garant der Sicherheit Deutschlands – wie Kurt von Schleicher, der politische General und Reichswehrminister, 1932 in seinen öffentlichen Reden erklärte. Schleicher wollte die Reichswehr zu einem Instrument seiner politischen Bestrebungen umformen.

Die »konstitutionelle Republik«, die der Reichswehrführung unter General Schleicher vorschwebte, war eine andere

Republik. Der Militarismus als politisch-gesellschaftliches Phänomen erreichte damals eine neue Qualität, die »Militarisierung der Volksgenossen« im Nationalsozialismus kündigte sich an. Opferbereitschaft, Disziplin und Kameradschaft im Dienste des Vaterlands, die Ideale der Wehrmacht, wurden zu nationalen Tugenden erhoben. In Schleichers autoritärem Staat war der NSDAP eine dienende Rolle zugedacht; die Reichswehr war als der eigentliche Träger einer dauerhaft antiparlamentarischen Ordnung vorgesehen. Dazu ist es nicht gekommen, auch weil Schleicher sein politisches Duell mit Hitler verlor. Die Sonderstellung des Militärs als Staat im Staate, die Distanz zur politischen Führung, das verbreitete Misstrauen gegen die Parteiendemokratie erleichterte es dann den Nationalsozialisten, sich der illusionären Erwartungen der Reichswehr zu bedienen und das verhängnisvolle Bündnis von Wehrmacht und Nationalsozialismus zu schmieden.

Am 1. Januar 1930 war Claus von Stauffenberg zum Leutnant befördert worden. Er stand damit am unteren Ende des damals noch sehr hierarchischen Offizierskorps und wurde seit 1931 als Zugführer in einem Minenwerferzug eingesetzt. Zeit seines Lebens war er an Politik interessiert – das tägliche Zeitungsstudium nach dem Mittagessen war Ritual –, doch konkrete politische Äußerungen aus jener Zeit sind nur sehr wenige überliefert. Es ist deshalb auch nur undeutlich nachzuvollziehen, wie Stauffenberg zur nationalsozialistischen »Machtergreifung« stand. Die auf Peter Sauerbruch, den Sohn des berühmten Chirurgen, zurückgehende Behauptung, er habe sich am 30. Januar 1933 in voller Uniform an die Spitze einer begeisterten Menschenmenge in den Straßen Bambergs gesetzt, um den nationalsozialistischen Sieg zu feiern,[53] ist zwar wiederholt kolportiert worden, es findet sich dafür jedoch kein einziger Augenzeuge. Sie kann deshalb heute mit Fug und Recht ins Reich der Legende verwiesen werden.

Doch überrascht hätte ein derartiges Verhalten Stauffenbergs eigentlich nicht, und dies mag der Grund dafür sein, weshalb sich das Gerücht so hartnäckig halten konnte. Der junge Stauffenberg war national gesinnt, ein begeisterungsfähiger Patriot, der sich seine Gedanken machte und die politische Entwicklung seiner Heimat aufmerksam verfolgte. Zumindest aus den ersten Jahren des »Dritten Reiches« sind von Stauffenberg keine grundsätzlich negativen oder regimekritischen Äußerungen zu hören, aber es gibt im eigentlichen Sinne auch keine Ergebenheitsadressen an die neuen Herren. Mit Zurückhaltung wird seine Haltung wohl am treffendsten beschrieben. Zurückhaltung hatte er auch 1932 gezeigt, als bayerische Legitimisten unter Führung eines Verwandten Stauffenbergs, des Freiherrn Enoch von und zu Guttenberg, für die Restauration der Monarchie unter dem Wittelsbacher Kronprinzen Rupprecht und die Abspaltung Bayerns vom Reich eintraten. Als Reichswehroffizier war ihm jede politische Demonstration und Parteizugehörigkeit verboten, und die von ihm als plebejisch empfundene aufstrebende Bewegung von SA und SS lehnte er schon aufgrund seines Selbstverständnisses als Offizier entschieden ab.

Ein Brief an Stefan George vom Juni 1933 verrät jene aristokratische Gesinnung und zeigt zugleich, dass Stauffenberg der »nationalen Erhebung« durchaus positive Aspekte abgewinnen konnte. »Im übrigen hat die letzte – wie jede revolution – gelegenheit zu recht interessanten beobachtungen menschlicher werte gegeben. Bei aller verstellungskunst – bei revolutionen kann der bürger sich nicht mehr verstellen! Im übrigen, bei aller gleichschaltung und dem gesetz der totalität: für uns ist das alles nicht neu, und schon jetzt ist zu sehen: keine partei, sondern Herren machen umwälzungen. Und jeder, der für seine Herrschaft einen sicheren sockel sich baut, ist ob seiner klugheit zu loben.«[54] Doch auch bei kritischer Absicht lässt sich dieses Dokument nicht zu einer Beifallskundgebung für die nationalsozialistischen Machthaber umdeuten. Es unterstreicht indes Stauffenbergs Fähigkeit zur nüchternen Analyse. Der junge Leutnant bevorzugte es, den Platz des distanzierten Beobachters einzunehmen und, scheinbar unberührt, das Geschehen um ihn herum zu kommentieren. Zugleich ist das Dokument Ausdruck eines elitären Standesbewusstseins und einer den handelnden Menschen in den Mittelpunkt stellenden Geschichtsauffassung. Treitschkes Satz von den Männern, die Geschichte machen, ist hier als fernes Echo zu vernehmen. Im Übrigen mögen die politischen Umwälzungen des Jahres 1933 bei Claus Stauffenberg gegenüber anderen, privaten Ereignissen durchaus nachgeordnet gewesen sein: Am 1. Mai wurde er überraschend zum Oberleutnant befördert, am 26. September vermählte er sich mit seiner langjährigen Verlobten, Nina Freiin von Lerchenfeld, und am 4. Dezember schließlich verstarb sein geistiger Lehrmeister, der Dichter Stefan George, kurz nach seinem 65. Geburtstag im schweizerischen Minusio, in den Bergen oberhalb von Locarno. Zusammen mit seinem Bruder und zehn anderen George-Jüngern hatte Stauffenberg nach einem von ihm entwickelten Ablaufplan Totenwache gehalten. Eine Indienstnahme des Dichters als eines Propheten der nationalsozialistischen Machthaber konnte, ganz in Georges Sinn, von dessen jungen Freunden vermieden werden.

Was für eine Persönlichkeit war der junge Stauffenberg? Wie erlebten ihn Vorgesetzte und Untergebene? Erhalten geblieben ist die Bamberger Abschlussbeurteilung Stauffenbergs durch seinen Eskadronchef Hans Walzer vom Oktober 1933. Das Bild des Offiziers, das darin gezeichnet wird, ist außerordentlich positiv. »Zuverlässiger und selbständiger Charakter mit unabhängiger Willens- und Urteilsbildung. Besitzt bei ausgezeichneten geistigen Anlagen überdurch-

*Am 26. September 1933 heiratete Stauffenberg seine langjährige Verlobte
Nina Freiin von Lerchenfeld (1913–2006). Aus der überaus glücklichen
Ehe sollten fünf Kinder hervorgehen.*

schnittliches taktisches und technisches Können. Vorbildlich
in der Behandlung von Unteroffizieren und Mannschaften,
besorgt um Ausbildung und Erziehung seines Minenwerferzuges. Gesellschaftlich und kameradschaftlich von einwand-

freiem Verhalten. Zeigt viel Interesse für soziale, geschichtliche und religiöse Zusammenhänge. Sehr guter, verständiger Reiter, mit viel Liebe und Verständnis für das Pferd.«[55] Mit einer solchen Beurteilung ist das Tor zu einer steilen Karriere weit geöffnet. Galt dies auch im nationalsozialistischen Deutschland?

Bereits im ersten Jahr der nationalsozialistischen »Machtergreifung« vollzog sich rasch die »Gleichschaltung« auf allen Gebieten des öffentlichen Lebens. Hitler, der erklärte Feind der Weimarer Reichsverfassung, war im Januar 1933 mit ihrer Hilfe – und nicht etwa durch einen Staatsstreich – an die Macht gekommen. Er hatte sie aus den Händen des Reichspräsidenten entgegengenommen, wie seine Vorgänger einen Eid auf die Verfassung geleistet und sich seine »legale Revolution« im Nachhinein durch Wahlen bestätigen lassen, allerdings erst, nachdem mit der »Verordnung zum Schutze von Volk und Staat« die Menschen- und Bürgerrechte der Weimarer Republik faktisch bereits außer Kraft gesetzt waren. Die Macht, die am Ende der Weimarer Republik buchstäblich auf der Straße lag, hatte er mit beiden Händen ergriffen: Parteien und Gewerkschaften wurden ausgeschaltet, Juden, Regimegegner, Andersdenkende, die Angehörigen der beiden christlichen Kirchen wurden verhaftet, in Konzentrationslager eingewiesen und verfolgt. Die Partei war Staat geworden.

Hitlers Erfolg war vor allem aus der Sehnsucht nach etwas Neuem, nach politischer Ordnung und nach einem Schnitt mit den ungeliebten Verhältnissen des Weimarer Parteienstaates erwachsen. Auch Claus von Stauffenberg hat diesen diffusen Wunsch nach Veränderung geteilt. Die Konzentration auf den einen »Führer und Reichskanzler« entsprach grundsätzlich Stauffenbergs Verständnis von der herausgehobenen Rolle des Individuums in der Geschichte. Hitler hatte es verstanden, das Heft in die Hand zu bekommen und in der Hand zu behalten. In relativ kurzer Zeit war es ihm gelungen, alle politischen Erwartungen und Vorstellungen seiner Zeit zu bündeln und auf seine Person zu konzentrieren. Was Hitlers Herrschaft verhieß, war im Deutschland der frühen 1930er Jahre durchaus populär: autoritärer Staat, Ende der Parteien, Überwindung der Klassengegensätze, Mobilisierung der Massen, diffuse Modernität, nationales Pathos, charismatische Führung. Die Sehnsucht nach Überwindung des nationalen Traumas war die alle politischen Kräfte einende Klammer und damit die Voraussetzung dafür, dass Hitlers Täuschung gelingen konnte. Denn die große Zustimmung auch der alten Eliten zum Nationalsozialismus gründete wesentlich auf dem Missverständnis, den neuen Machthabern gehe es vorrangig darum, in einer aus den Fugen geratenen Welt die staatliche Ordnung und Deutschlands Ansehen in der Völkergemeinschaft wiederherzustellen.

Binnen Kurzem hatte Hitler den gesamten Staatsapparat im Griff. Nach außen war vom Weimarer Establishment nicht mehr viel zu sehen. Eine Zeit lang hielten sich zwar noch eine Reihe nicht-nationalsozialistischer Parteien und Verbände, die ein Schattendasein fristeten und ihren Angehörigen Rückzugsnischen boten. Doch der Anspruch der »Gleichschaltung« bezog sich auf alle Lebensbereiche. Eine Ausnahme gab es: die Armee, die ihre alte Stellung nicht nur halten, sondern zunächst in nationalsozialistischer Zeit sogar ausbauen konnte. Distanz war für sie das vorherrschende Verhältnis zum Staat von Weimar gewesen, eine Distanz freilich, die in der Schlussphase immer mehr schwand. Das lag zum einen daran, dass General Kurt von Schleicher – zunächst als Reichswehrminister und dann, ganz am Ende, als Reichskanzler – der Regierung angehörte, und zum anderen an der

Person des Reichspräsidenten, des 1932 durch Volkswahl in seinem Amt bestätigten ehemaligen Generalfeldmarschalls und Weltkriegshelden (»Mythos von Tannenberg«) Paul von Hindenburg. Der Umstand, dass sich das neue Regime zunächst als ausgesprochen »wehrfreudig« erwies und im März 1935 gar die Wiedereinführung der allgemeinen Wehrpflicht verfügte, trübte den Blick dafür, dass dies um den Preis der Unterwerfung unter den Primat der nationalsozialistischen Politik erfolgt war. Die Armee hatte sich erfolgreich als einziger unabhängiger Machtfaktor behauptet. Nicht wenigen jedenfalls galt sie als am besten für die innere Emigration geeignet. Dafür bezahlte sie mit einer schleichenden Ideologisierung des Dienstes in den Streitkräften. 1936 schrieb Major Hermann Foertsch in seiner Pflichtenlehre über »den Offizier der neuen Wehrmacht« von der umfassenden Bedeutung der Wehrmacht für die ganze Nation: »Sie ist der starke Schutz und Schirm für das Leben des Volkes und den Bestand des Reiches. Sie ist die große Erziehungsschule der jungen Mannschaft; in ihr verkörpert sich die Volksgemeinschaft in reinster Form, sie ist das klarste Vorbild für die Verwirklichung des Führergedankens.«[56] Wirkliche Nationalsozialisten indes gab es in der Reichswehr zunächst nur wenige. Desinteresse und Verachtung waren häufiger. Doch verfügten die Nationalsozialisten mit Walther von Reichenau (Generalstabschef) und Werner von Blomberg (Kriegsminister) über zwei willfährige Helfer, die bei der Transformation der Reichswehr in die Wehrmacht Wachs in den Händen der neuen Herren waren. In der »Nacht der langen Messer«, bei der Niederschlagung des sogenannten Röhmputsches – eines Putsches, der gar keiner war –, schaute die Reichswehr als scheinbar unbeteiligte Dritte der Entmachtung der ungeliebten SA noch zu und begriff nicht, dass sie nur dem ersten Akt im Drama ihres eigenen Niedergangs beiwohnte.

Mit Hindenburgs Tod am 2. August 1934 – genauer gesagt: bereits am Vorabend, denn das entsprechende Reichsgesetz war schon am 1. August 1934 unterzeichnet –, schlüpfte Hitler auch in die Rolle des Staatsoberhaupts und übernahm den Oberbefehl der Wehrmacht. Die Bezeichnung »Führer« wurde legalisiert und ein neuer Eid geschworen: »Ich schwöre bei Gott diesen heiligen Eid, dass ich dem Führer des Deutschen Reiches und Volkes Adolf Hitler, dem Oberbefehlshaber der Wehrmacht, unbedingten Gehorsam leisten und als tapferer Soldat bereit sein will, jederzeit für diesen Eid mein Leben einzusetzen.« Dass nun in der von den Nationalsozialisten eingeführten Eidesformel die Anrufung Gottes erfolgte, war blanker Hohn. Für die innere Bindung des Soldaten spielte der neue Eid mit seiner Verpflichtung nicht etwa gegenüber Volk und Vaterland, sondern auf eine einzelne Person – Adolf Hitler – eine große Rolle, weil viele in ihm ein besonderes Treueverhältnis begründet sahen. Und nur die wenigsten haben es wie Stauffenbergs Mitstreiter Axel von dem Bussche-Streithorst gesehen, der 1947 vor Göttinger Studenten erklärte, dass der Eid nach alter Auffassung von beiden Seiten gebrochen werden könne und dass der Führer des »Dritten Reiches« tausendmal dagegen verstoßen habe.[57]

Hitlers Revisionspolitik kam auf Samtpfoten einher und verstand es dabei doch, sich Zug um Zug aller Fesseln des Versailler Vertrages zu entledigen. Als Ziel war die Wiedergewinnung einer politisch und wirtschaftlich starken Stellung in Mitteleuropa unverkennbar. Der Austritt aus dem Völkerbund (Oktober 1933), die Einführung der allgemeinen Wehrpflicht (März 1935), die Rückkehr der Saar ins Reich per Volksabstimmung (Januar 1935), später dann die Normalisierung des Verhältnisses zu Österreich (Juli 1936), das »Achsenbündnis« mit Italien (November 1936), der Antikominternpakt mit Japan (November 1936), schließlich

1933 war Leutnant Stauffenberg Zugführer eines Minenwerferzuges.

der »Anschluss« Österreichs (März 1938) galten vielen Zeitgenossen nicht nur als große außenpolitische Erfolge, sondern auch als Beleg für Hitlers politischen Genius.

Stauffenberg hat diese Euphorie nicht uneingeschränkt geteilt. Denn bereits anfangs wohnten zwei Seelen in seiner Brust. Folgt man dem Zeugnis seiner Frau, entwickelte er schon bald ein Gespür für die Verlogenheit der nationalsozialistischen Fassade, für die Fatalität des von Hitler eingeschlagenen Kurses. »Natürlich hat mein Mann«, erinnerte sich Nina Gräfin Stauffenberg später, »wie wir alle, die Saarentscheidung begrüßt, die Absage an den Versailler Vertrag, die Heeresvermehrung. Aber nicht die neue Uniform mit allen

Kinkerlitzchen und den Hoheitsabzeichen. Ich hatte schon damals das Gefühl, dass mein Mann nicht so in unseren patriotischen Jubel einstimmte. Aber da merkte ich sein Zögern noch nicht.«[58]

Stauffenberg liebte es, den Anwalt der Gegenseite zu spielen. Er verstand es, mit zwei, drei dahingeworfenen Sätzen, scheinbar zustimmend formuliert, sein Gegenüber aus der Reserve zu locken und zu verunsichern, und wollte dabei doch nur dem Sachverhalt auf den Grund gehen, ein Problem von allen Seiten beleuchten, bis er sich sein eigenes Urteil gebildet hatte. »Mein Mann war niemand, den man in eine Schachtel packen konnte, um draufzuschreiben: ›Das ist der Soundso und der reagiert soundso.‹ Er hat die Dinge auf sich zukommen lassen – und hat sich dann entschieden. Im Übrigen besaß er die Eigenschaft, dass er furchtbar gern den Advocatus diaboli gespielt hat. Konservative waren deshalb überzeugt, dass er ein wilder Nazi sei, und wilde Nazis waren überzeugt, dass er ein Stockkonservativer sei. Er war beides nicht. Es hat ihm einfach Spaß gemacht, zu sehen, mit welchen Argumenten die Gegenseite aufwarten würde.«[59]

Für politische Betrachtungen aus dienstlichem Anlass gab es indes vorerst wenig Gelegenheit. Ab 1. September 1934 folgten für Stauffenberg zwei Jahre als Bereiter an der Kavallerieschule in Hannover, die vor allem unter sportlichen Gesichtspunkten Erfüllung brachten. Hier musste er täglich vier Pferde reiten und an der Ausbildung in Praxis und Theorie teilnehmen. Die Kavalleriehochschule Hannover war seit Ende der 20er Jahre zu einer richtigen Reithochschule auf der Höhe der Zeit ausgebaut worden. Nicht nur, dass die berittene Infanterie im 100.000-Mann-Heer mit seinen 18 Kavallerieregimentern besonders geschätzt wurde, die fähigsten Reiter wurden nach Hannover kommandiert, wo seit 1929 zwei Spezialställe – ein Stall für Vielseitigkeitsreiter und ein

Springstall – auf dem Gelände der Kavallerieschule die Voraussetzungen schufen, dass ganze Equipen der »grauen Reiter« trainieren und sich auf Auslandsaufenthalte mit Turnieren vorbereiten konnten.

Die Liebe zum Pferd brauchte bei Stauffenberg nicht erst geweckt zu werden. Sie war von Anfang an da, und sie hat zweifelsohne seine Berufswahl entscheidend mitbestimmt. Für den Kavalleristen sind die Pferde so etwas wie seine zweite Heimat. Die Tiere brauchen Aufmerksamkeit, Zuwendung und Pflege, denn in der entscheidenden Situation muss sich der Reiter blind auf sein Pferd verlassen können. Philipp von Boeselager, auch er im Widerstand an Stauffenbergs Seite, hat das Verhältnis des Kavalleristen zu seinem Pferd einmal umschrieben und dabei gewiss auch Stauffenbergs Ton getroffen: »Wir Kavalleristen waren ihnen fast kameradschaftlich verbunden, wir taten alles für sie und wussten, dass uns die Pferde auch ohne Worte verstanden. Die Gegenwart der Pferde, ihr warmes Fell, ihre feuchten Mäuler, ihr Schnauben und Zittern, all das schenkte uns eine körperliche Nähe, die wir uns auch bei den besten Kameraden nicht erlaubten. In der äußersten Härte des Krieges vertraut sich der Reiter dem Pferd an und findet an ihm Halt. Das Pferd hätte seinerseits nicht ohne die Pflege, die sein Reiter ihm angedeihen lässt, überleben können.«[60]

Stauffenbergs hohe Reitkunst bescherte ihm jetzt auch äußere Anerkennung. Besonders Dressur und Military waren seine Domäne. Als er 1935 Lehrgangssieger bei der Militaryprüfung wurde, ließ er immerhin einige der künftigen deutschen Olympiasieger des Jahres 1936 hinter sich. Zu dem sportlichen Erfolg hatte sich auch schon privates Glück gesellt. Bald nach der Heirat mit Nina Freiin von Lerchenfeld waren die ersten beiden Kinder geboren worden: Berthold im Juli 1934 und Heimeran im Juli 1936.

Stauffenberg, 1929 Jahrgangsbester der Kavallerie bei der Offiziersprüfung, war auch bei Dressur und Military herausragend. Das Bild zeigt ihn mit seinem Burschen Hans Kreller bei einem Reitturnier (Gruppenspringen) in Heiligenhaus im Mai 1939.

Am 1. Oktober 1936 trat Stauffenberg seine zweijährige Generalstabsausbildung an der Kriegsakademie in Berlin-Moabit an. Er gehörte zu den ersten einhundert Offizieren, die einberufen wurden. Der Bedarf an Generalstabsoffizieren wuchs zu jener Zeit als Folge der raschen Heeresvermehrung kontinuierlich, und dies schlug sich in der Zahl der jährlich in die Kriegsakademie Aufgenommenen nieder. Schon die Bezeichnung »Kriegsakademie« war Ausdruck eines neuen Selbstverständnisses. Denn bis dahin hatte die Generalstabsausbildung unter der Bezeichnung »Offizier-Lehrgänge Berlin« firmiert. Mit Blick auf die schnelle Heeresvermehrung wurde die Ausbildung auf zwei Jahre verkürzt, und dies blieb nicht ohne Auswirkungen auf Inhalt und Methode. Auf alles, was nicht Kernbestand der militärischen Grundgebiete war, wurde verzichtet. Es verblieben: Taktik, Kriegsgeschichte, Heeresversorgung, Heerestransportwesen, Kraftfahr-Kampftruppe, Pionierdienst und Landesbefestigung, Luftwaffe, Reiten und Leibesübungen sowie einige Sonderfächer, darunter Artillerie-Beobachtungswesen, Heeresorganisation, Wehrwirtschaft und Kartenkunde. Stauffenberg nutzte die Zeit in Berlin, um eine Dolmetscherausbildung im Englischen zu bestehen, auch dies war freiwillig. In Abendvorträgen bei der Deutschen Gesellschaft für Wehrpolitik und Wehrwissenschaften sowie auf drei größeren Reisen hatte er darüber hinaus Gelegenheit, das im Unterricht Gelernte zu vertiefen.

Die Ausbildung bestand aus zwei Lehrgängen: Der erste befasste sich mit den Führungsaufgaben bis zum Regiment, der zweite mit der Führung von Divisionen und größeren Verbänden. Für Stauffenberg begann, noch einmal, eine Zeit des Sich-Vorbereitens auf spätere Aufgaben. Er fand Gelegenheit, seinen Intellekt weiter zu schärfen und seinem militärischen Handwerkszeug den letzten Schliff zu geben. Im Kameradenkreis wurde das Außergewöhnliche seiner Persönlichkeit bemerkt. Auch hier tat er sich hervor, er lernte mit Leichtigkeit, und er hob sich insoweit von anderen ab, als er sich den Freuden des kasernierten Daseins, den Bierabenden und dem Kartenspiel im Kasino, regelmäßig entzog. Dass Stauffenberg anders als die anderen war – kein Sonderling, sondern einer, der noch andere Interessen hatte –, wurde im Kameradenkreis durchaus akzeptiert. In seinem Hörsaal fand er zwei Mitstreiter, die beide bei der Erhebung des 20. Juli eine herausgehobene Rolle spielen sollten: Eberhard Finkh und Albrecht Ritter Mertz von Quirnheim: »Sie und einige andere bildeten – ohne eine Clique zu sein – die geistig führende Schicht des Hörsaales, die zur gegenseitigen Erziehung, zur wissenschaftlichen Anregung und zur Verträglichkeit viel beigetragen haben.«[61] Freundschaft schloss Stauffenberg auch mit einem amerikanischen Kameraden, Hauptmann Albert Wedemeyer, der als Gasthörer eingeschrieben war. Wedemeyer, der später in den Vereinigten Staaten zum Viersternegeneral aufstieg, hat auch nach dem gescheiterten Staatsstreich Stauffenbergs Ansehen hochgehalten und ist seiner Familie als Freund in Treue verbunden geblieben. Ihm verdanken wir ein einfühlsames Porträt Stauffenbergs aus den Tagen gemeinsamer Schulungen in Berlin: »A very handsome man – a fine military bearing, courteous, considerate and sensitive.«[62]

Aus jener Zeit an der Kriegsakademie sind zwei Arbeiten erhalten, die Einblick in die Entwicklung von Stauffenbergs militärstrategischem Denken vermitteln. Im Herbst 1937 verfasste er eine Arbeit über »Gedanken zur Abwehr feindlicher Fallschirmeinheiten im Heimatgebiet«, mit der er ein Preisausschreiben der Deutschen Gesellschaft für Wehrpolitik und Wehrwissenschaften gewann. Sie wurde später im Organ dieser Gesellschaft, der Zeitschrift *Wissen und Wehr,* veröffentlicht und noch Jahrzehnte später als durchdacht und zukunftweisend gerühmt: »Die Studie des Grafen Stauffenberg enthält für die damalige Zeit – als noch ein tiefes Geheimnis über dieser neuen epochalen Waffe lag – bemerkenswert kluge, gut durchdachte und weitsichtige, moderne Gedanken, zumal er auch schon von ›Fallschirmkampftruppe‹ spricht.«[63] Eine zweite militärwissenschaftliche Studie von 1938 über Heereskavallerie – ursprünglich lautete der Titel »Kavallerie als operative Waffe« – fand hingegen weniger Anerkennung: sie wurde mehr getadelt als gelobt. Stauffenberg beschäftigte sich darin mit dem Zusammenwirken von Heereskavallerie und Panzerverbänden mit dem Ziel der operativen Beweglichkeit der Kampfführung und forderte den kavalleristischen Führer. Bald schon, im Jahr darauf, würde er selbst

Gelegenheit haben, die Gesetze dieses Zusammenwirkens kennenzulernen. Beide Arbeiten zeigen die Richtung auf, in die Stauffenberg als Stratege und Taktiker dachte.

Es war das alte Leitbild des Soldaten als Kämpfer, das Stauffenberg zeitlebens an seinen Beruf band, und die Kavallerie, die von ihm 1926 gewählte Waffengattung, entsprach ihm dabei ganz und gar. Sie verkörperte die Ritterlichkeit soldatischen Dienens par excellence und stellte an den Soldaten als Anführer höchste Anforderungen, die nur erfüllen konnte, wer auch über das notwendige Maß an Einfühlungsvermögen verfügte, und zwar Mensch und Pferd gegenüber. Stauffenberg war Kavallerist und Aufklärer. Aufklären heißt in erster Linie Sehen und Beobachten, erfordert jedoch häufig auch den Kampf, um die Stärke des Feindes zu erkunden. Panzerspähwagen, Kraftradschützen mit infanteristischer Bewaffnung, kleine motorisierte Geschütze und Panzerabwehrkanonen gehören zur Grundausstattung der motorisierten Aufklärungsabteilungen, die verstärkt durch Artillerie, Panzertruppen und weitere motorisierte Infanterie große operative Aufklärungsverbände bilden können. Reiter und Kraftradfahrer mit den gleichen oder ähnlichen Hilfswaffen werden dabei zu berittenen Aufklärungsabteilungen zusammengestellt. Die erste Aufklärung erfolgt durch die Spähtrupps. In diesem Gefüge musste die Kavallerie in der ersten Hälfte des 20. Jahrhunderts ihren Platz finden. Im Sinne der Reiterwaffe des 19. Jahrhunderts hatte sie jedoch keine Zukunft mehr, wie sich später auf traurige Weise bei der polnischen Armee unmittelbar nach Beginn des Polenfeldzugs zeigte.

War Claus von Stauffenberg schon in jenen Jahren unmittelbar vor Kriegsausbruch mit dem Gedanken einer Erhebung befasst? Die ausführliche Beschäftigung mit August Neidhardt von Gneisenau, seinem Ahnherrn, der in zwei

Denkschriften zum Volksaufstand gegen die napoleoni-
sche Fremdherrschaft aufgerufen hatte, die Zeugnisse seiner
Freunde, des später im Krieg gefallenen Bildhauers Frank
Mehnert und des Germanisten Rudolf Fahrner, beide aus
dem George-Kreis, können durchaus so verstanden werden.
Die politischen Veränderungen, die um ihn herum stattfan-
den und für die er letztlich keine Erklärung fand, haben ihn
jedenfalls ganz sicher berührt. Denn sie betrafen, wie die
Blomberg-Fritsch-Krise vom Januar/Februar 1938, im Kern
den Selbständigkeitsanspruch der Wehrmachtführung.

Stauffenbergs erstes Kommando führte ihn am 1. Juli
1938 als zweiten Generalstabsoffizier, als »Ib«, zu der von Generalleutnant Erich Hoepner geführten 1. Leichten Division
nach Wuppertal. Stauffenberg war jetzt Rittmeister und als
»Ib« vor allem für die Organisation der Divisionsversorgung
zuständig. Dies war um so fordernder, als die »Erste Leichte«
damals noch über keine eigene Nachschubstaffel verfügte,
Stauffenberg mithin sein ganzes Organisationstalent immer
wieder aufs Neue entfalten konnte. Die 1. Leichte Division
war ohnehin erst im Jahr zuvor im Zuge von Hitlers Auf-
rüstungsstreben aufgestellt worden. Damals gab es im deutschen Heer bereits 50 Divisionen: 39 Infanteriedivisionen,
fünf Panzerdivisionen, zwei Gebirgsdivisionen und eben vier
leichte Divisionen, eine Mischform, die Aufklärer, motorisierte Artillerie, Panzer und zwei motorisierte Schützenregi-
menter zusammenfasste.

Die Wehrmacht wurde nun zum Instrument von Hitlers
Vabanquespiel, jener Mischung aus Bluff, Überrumpelung
und Erpressung, die kurzfristige Erfolge einheimste und eine
Zeit lang den Blick darauf verstellen konnte, dass eine wirkliche Strategie, das Zusammenwirken von Kriegführung
und Diplomatie, nicht vorhanden war. Die »Erste Leichte«
und mit ihr Stauffenberg war dann auch dabei, als Hitler die

Wehrmacht am 4. Oktober 1938 in das Sudetenland einrücken ließ, inszeniert als Teil eines riesigen Propagandafeldzuges des »Dritten Reiches« gegen die Tschechoslowakei, deren Zerschlagung durch eine militärische Aktion angeblich zu Hitlers »unabänderlichen Entschlüssen« und seinen »letzten« territorialen Forderungen zählte. Bereits im September war Stauffenbergs Einheit, offiziell zu Übungszwecken, zur Vorbereitung in den Raum Chemnitz verlegt worden. Doch der generalstabsmäßig vorbereitete Angriff musste gar nicht mehr stattfinden, weil der britische Premierminister Chamberlain auf der Münchner Konferenz am 29. September Entgegenkommen signalisiert hatte, vorgeblich, um den Frieden zu retten. Der große Krieg konnte ein weiteres Mal vermieden werden. Doch für wie lange? Würde sich Hitler mit den Zugeständnissen von München zufriedengeben?

Mit dem Ergebnis der Münchner Konferenz ging auch ein ganz anderer Einsatz an Stauffenberg vorüber. Hoepners Einheit sollte marschieren, wenn die Widerstandsgruppe um den im Streit um Hitlers Kriegspläne zurückgetretenen Generalstabschef Ludwig Beck zum vorbereiteten Staatsstreich in Berlin ansetzte: sie sollte vom Thüringer Wald aus die Münchner SS-Standarte »Deutschland« in Schach halten, von der man annahm, dass sie einem entmachteten Hitler zu Hilfe kommen würde. Der Kompromiss von München machte dann die Voraussetzungen zunichte, unter denen die Verschwörer losschlagen konnten. Stauffenberg war in die Pläne zum Putsch nicht eingeweiht. Er stellte vielmehr in den folgenden Wochen sein Geschick als »Ib« unter Beweis. Denn im Vordergrund seines Dienstes standen Fragen des Nachschubs für das Sudetenland, da die Versorgung durch die Tschechoslowakei mit der deutschen Besetzung über Nacht aufgehört hatte.

Noch einmal ging es danach mit der Division zurück ins ungeliebte Wuppertal. Claus und Nina Stauffenberg, jetzt

Eltern dreier Söhne (Franz Ludwig war wenige Monate zuvor geboren), waren im Bergischen Land nie wirklich heimisch geworden und empfanden die Stadt als »unglaublich proletarisch«. Für ein dauerhaftes »Friedensquartier« standen die Zeiten schlecht. Von Stauffenberg ist aus jenen schicksalhaften Sommerwochen der einem Bekannten gegenüber ausgesprochene Satz überliefert: »Also doch, der Narr macht Krieg.«[64] Hitler wollte den Krieg vorgeblich für »Lebensraum im Osten«, in Wirklichkeit aber, weil er sich unter einen immensen Zeitdruck setzte, die Gesetze der Weltgeschichte seinem persönlichen Lebensplan unterordnen und in seiner schier unersättlichen territorialen Gier Deutschland »zum größten Machtstaat der Erde« emporführen wollte. Deutschland war auf einen langen Krieg gar nicht vorbereitet. Mit dem am 23. August 1939 abgeschlossenen Pakt mit der Sowjetunion wurde dann die ungünstige militärgeografische Lage Deutschlands aufgehoben, da er Hitler einen Zweifrontenkrieg ersparte, solange die Sowjetunion ihre wohlwollende Haltung gegenüber Deutschland beibehielt. Ihren eigentlichen strategischen Zweck, nämlich den britischen Kriegseintritt nach dem Angriff auf Polen vom 1. September 1939 zu verhindern, erfüllte das *renversement des alliances* freilich nicht.

Hitler hatte damit den Erfolg seiner »Weltblitzkriegsstrategie« zunächst ganz an Stalins Gewogenheit gebunden. Aufgrund der deutschen Luftüberlegenheit vollzog sich der deutsche Vormarsch in Polen rasch und mühelos. Der am 28. September zwischen den Außenministern Molotow und Ribbentrop unterzeichnete Grenz- und Freundschaftsvertrag legte Interessenssphären fest, noch bevor die polnische Armee kapituliert hatte. Polen sollte als Staat nicht wiederhergestellt werden, und die Demarkationslinie wurde von der Weichsel zum Bug nach Osten verschoben.

Claus Stauffenbergs Einheit, jetzt zur 6. Panzerdivision umorganisiert, war beim Angriff auf Polen der Heeresgruppe Süd unter Generaloberst von Rundstedt unterstellt und trat von Schlesien aus zum Vormarsch an. Nach der Rückkehr aus dem Polenfeldzug – dem »drôle de guerre« , als im Westen kein Schuss Pulver abgegeben worden war und Hitler immer noch die Illusion hatte, Großbritannien würde klein beigeben und sich mit Deutschland arrangieren – verblieb Stauffenberg nicht mehr viel Zeit bei seiner Division.

Der am 9. April 1940 begonnene Feldzug im Westen übertraf zunächst alle Erwartungen. Dänemark hatte bereits nach kurzer Zeit kampflos aufgegeben, und am 10. Juni ergab sich auch Norwegen. Auch der am 10. Mai begonnene Vormarsch – die große Westoffensive – gestaltete sich reibungslos. Am 14. Mai kapitulierten die Niederlande, am 28. Mai Belgien. Als Frankreich dann am 17. Juni unter demütigenden Bedingungen im historischen Eisenbahnwaggon im Wald von Compiègne den Waffenstillstand unterzeichnete, hatte Stauffenberg bereits im Oberkommando des Heeres (OKH) seinen Dienst angetreten.

In Polen hatte Stauffenberg seinen ersten Fronteinsatz erlebt. Bereits Mitte Oktober war er in die Garnison zurückgekehrt. Und auch bei der Westoffensive kam seiner der Heeresgruppe A zugeteilten Panzerdivision eine wichtige Rolle zu: Sie bildete als Teil der Panzergruppe von Kleist eine Speerspitze des Vormarsches durch die Ardennen. Die Zeugnisse über den Stauffenberg jener Jahre sprechen eine eindeutige Sprache. Er beherrschte sein Handwerkszeug mühelos und war in seinem Urteil ebenso klar wie völlig frei. Bei Vorgesetzten wie Untergebenen war er gleichermaßen beliebt. Vertrauen schenken zu können und Vertrauen zu empfangen, dies war seine große Stärke. Kurz, er war der geborene militärische Führer und fühlte sich im Krieg als

»Also doch, der Narr macht Krieg«, hatte Stauffenberg im Sommer 1939
zutreffend gefolgert. Seine Einheit, die 6. Panzerdivision,
war am Angriff auf Polen beteiligt. Das Bild zeigt ihn mit Kameraden
vor dem Divisionsgefechtsstand an der deutsch-polnischen Grenze
am 1. September 1939.

Soldat in seinem eigentlichen Element. Der damalige Major
Erwin Topf beschrieb dies im Rückblick: »Wer Klaus von
Stauffenberg damals erlebte, hat von ihm [...] als Gesamtper-
sönlichkeit einen bleibenden Eindruck bewahrt. [...] Stauffenberg, groß, schlank, beweglich, ein Mann von ausgespro-
chenem persönlichen Scharm [sic], empfing uns mit echter,
strahlender Liebenswürdigkeit, sorgte dafür, dass jeder ein
Glas zu trinken bekam, eine Zigarre, eine Pfeife Tabak. Er
informierte, fragte, forschte nach scheinbar nebensächlichen
Dingen, gab die neuesten Anekdoten zum besten, die aus
dem Raum zwischen Aufklärungsabteilung und Feldbäcke-
reikolonne der Division zu berichten waren, sprang von einem Thema zum anderen, unterbrach jedes Gespräch, um

zunächst einmal den zuletzt ins Zimmer Getretenen anzuhören und auszuforschen. So verging Viertelstunde um Viertelstunde, und noch immer war keine unserer Fragen entschieden – keinerlei Disposition für den nächsten Tag oder auch nur für die nächste Stunde waren getroffen, kein Befehl war gegeben. Bis dann, ganz und gar unkommissig und durchaus zwanglos, die Worte fielen: ›Ja, also – ich denke, wir machen das jetzt so …‹. […] Er sprach nicht ›schulgerecht‹, wie man es vom Generalstäbler erwartet; das Schema lag ihm nicht, genügte ihm nicht. Auch fiel ihm das Formulieren durchaus nicht leicht, […] aber was er da an sorgfältig ausgewogenen Überlegungen und Dispositionen entwickelte, war im Sachlichen ›fertig‹ und vollkommen.«[65]

Widerstehen
Gegen den Strom
(1940–1943)

A ls Frankreich am 17. Juni 1940 kapitulierte, gehörte Stauffenberg bereits dem Generalstab des Heeres an. Am 27. Mai hatte er in der Organisationsabteilung seinen Dienst angetreten. Das Referat, dem er zugeteilt war, hieß »Organisation im Frieden und Kriegsspitzengliederung«. Er war über Nacht in eine Schlüsselstellung eingerückt, die ihm Einsichten gewährte, die dem normalen Generalstabsoffizier versagt blieben. In der Organisationsabteilung wurden, wie der Name besagt, die organisatorischen Angelegenheiten des Feldheeres bearbeitet: Bewaffnung, Ausrüstung, Kommandostruktur, Spitzengliederung, Neuaufstellungen, Planung, Materialerhaltung. Der Generalstab des Heeres war 1935 aus dem Truppenamt des Heeres hervorgegangen und sollte an den Geist der alten preußischen Tradition anknüpfen; er war jedoch mit einer Reihe von Geburtsfehlern behaftet, die seine Wirksamkeit behinderten: Die entsprechenden Durchführungsanordnungen wurden vom Allgemeinen Heeresamt erlassen, der Generalstab des Heeres hatte keine Befehlsbefugnis über das Ersatzheer und stand in Konkurrenz zum Wehrmachtführungsstab. Der Kampf zwischen dem aus dem Truppenamt hervorgegangenen Generalstab des Heeres – erst seit dem 1. November 1936 hieß die höchste Verwaltungs- und Kommandobehörde des deutschen Heeres Oberkommando des Heeres (OKH) – und dem Oberkommando der Wehrmacht (OKW) gehörte im »Dritten Reich« von Anfang an zu den von Hitler getreu der Devise »Divide et impera« eingesetzten Herrschaftsmechanismen, die der gegenseitigen Überwachung und Schwächung miteinander rivalisierender Bereiche dienten. Alle Versuche, die Frage der Gliederung der obersten militärischen Führung im »Dritten Reich« befriedigend zu lösen, liefen ins Leere. So war Generaloberst Beck, der Heeresgeneralstabschef, schon 1935 mit seinem Versuch gescheitert, eine Vereinheitlichung der Wehrmachtführung zu erreichen. Die Aufteilung der Kriegsschauplätze beziehungsweise der Zuständigkeiten auf OKW und OKH machte dann im Zweiten Weltkrieg eine einheitliche Kriegführung unmöglich und führte dazu, dass beim OKW der Wunsch nach einem eigenen Generalstab entstand, dem 1940 aus dem Wehrmachtführungsamt im OKW hervorgegangenen Wehrmachtführungsstab.

Stauffenbergs frühe Einsicht in diese unhaltbaren Zustände ist von Kriegskameraden wiederholt überliefert. So hat ein Absolvent der Kriegsakademie in Berlin, Werner Reerink, das Bonmot Stauffenbergs aus einem 1941 vor einem Generalstabslehrgang gehaltenen Vortrag festgehalten, dass die deutsche Kriegsspitzengliederung noch blöder sei, als sie die befähigsten Generalstabsoffiziere hätten erfinden können, wenn man ihnen den Auftrag gegeben hätte, sich die unsinnigste auszudenken.[66] Nach dem Rücktritt des Oberbefehlshabers des Heeres, Generalfeldmarschall Walther von Brauchitsch, hatte Hitler auch den Oberbefehl über das Heer übernommen – die Befehlsgewalt über die gesamte Wehrmacht hatte Hitler bereits seit dem Erlass über die Neuorganisation der Wehrmacht vom 4. Februar 1938, nach der sogenannten Blomberg-Fritsch-Krise, inne. Die Konstruktion war komplett schief. Ferdinand Prinz von der Leyen, 1942 ins OKH versetzt, hat die verworrene Spitzengliederung und ihre Auswirkungen auf Kriegführung und Strategie treffend beschrieben: »Man brauchte sich nur zu vergegenwärtigen, dass Hitler als dem obersten Befehlshaber der gesamten Wehrmacht die Oberbefehlshaber des Heeres, der Luftwaffe und der Marine unterstanden. Nun war er selbst zusätzlich einer dieser Oberbefehlshaber, was aber keineswegs bedeutete, dass er sich in dieser Eigenschaft dem Oberkommando der Wehrmacht unterstellt hätte, das damit einer seiner Hauptfunktionen beraubt wurde. Durch diese Neuregelung eine Stärkung des Heeres zu erwarten, erwies sich als Trugschluss. Sie komplizierte nur in erhöhtem Maß die an sich schon gespannten Verhältnisse zwischen OKW und OKH. In der Praxis verlagerte sich die Funktion des ›Prügelknaben‹ vom Oberbefehlshaber des Heeres auf den Chef des Generalstabs.«[67]

Die Erwartung, dass im Hauptquartier des Heeres die Elite der Wehrmacht zusammenkomme, von dort aus geführt werde und im zweiten Kriegsjahr ein echter Geist der Kameradschaft herrsche, wurde von der Wirklichkeit nicht bestätigt, im Gegenteil. So wurde von Zeitzeugen wiederholt darauf verwiesen, dass zwar ein ungeheures Arbeitspensum bewältigt werden musste, gleichzeitig aber auch klar war, dass der Einfluss der Generalstäbler auf die tatsächlichen Entscheidungen gering war und dass die tatsächliche Lage mit fortschreitendem Kriegsverlauf immer mehr geschönt wurde.[68] Sachentscheidungen wurden oftmals von Prestigedenken und Geltungsdrang überlagert. »Frontferne« war ein abschätziger Begriff, und doch beschreibt er die Einstellung nicht weniger der im OKH ihren Dienst leistenden Offiziere, die sich mit Absicht schon seit längerer Zeit von der Front fernhielten, durchaus treffend. Prägend für die Arbeit im Generalstab des Heeres war zu Stauffenbergs Zeit der General der Artillerie Eduard Wagner, der die Funktion des Generalquartiermeisters inne hatte. Wagner war mehr gefürchtet als geliebt, sein Spitzname »Nero« vielsagend. Wie der Kapitän eines Schiffes blieb er dem gemeinsamen Casino fern. Einem Kameraden Stauffenbergs vermittelte er den Eindruck »eines ziemlich schwer gebauten, nicht allzu großen Mannes, dessen etwas cholerisch wirkende Züge von sehr klugen Augen beherrscht wurden. Hinter der Härte, die er zunächst ausstrahlte, verbarg er wohl mehr Herz, als er zeigen wollte, jedenfalls wirkte er durchaus imponierend«.[69]

Stauffenbergs Dienstantritt fiel in eine Zeit kriegsentscheidender Weichenstellungen. Im Juni 1940 gab sich Hitler der Illusion hin, England werde nach dem Fall Frankreichs einlenken – Hitler sprach von »klein beigeben« – und sich zum Frieden mit Deutschland bereitfinden. In jener kurzen Phase, bevor Hitler im Juli 1940 den Entschluss zum Angriff auf die Sowjetunion fasste, griffen seine Planungen weit in die Zukunft. Die Aufgabe von Stauffenbergs Referat, »Organisation im Frieden«, war eine Verminderung der Heeresstärke von 165 auf 120 Divisionen. Luftrüstung und Fortsetzung des U-Boot-Programms sollten forciert werden – hier wurden bereits fernere Kriegsziele wie der Kampf gegen die Vereinigten Staaten vorweggenommen –, und die Panzerdivisionen sollten von zehn auf zwanzig aufgestockt werden. Hitler plante sein Friedensheer offenkundig als motorisiertes Kaderheer. Als ernst zu nehmender Gegner galt die Sowjetunion nach übereinstimmendem Urteil des damaligen Generalstabs nicht. Anfang Juli war der Reichsminister für Bewaffnung und Munition, Fritz Todt, angewiesen worden, die Armee so auszustatten, dass sie der Summe aller Friedensarmeen gewachsen sei. Innerhalb von drei Jahren sollte das Heer auf 160 Divisionen anwachsen können. Hitlers Planspiele zeigen die Rastlosigkeit und den politischen Illusionismus seiner Expansionsstrategie, die schon die übernächsten Ziele zu einem Zeitpunkt in den Blick nahm, als die nächsten noch nicht verwirklicht waren.

Erst als Mitte Juli 1940 Hitlers »Friedensangebot« von Großbritannien ein weiteres Mal ausgeschlagen worden war, verfestigte sich der Entschluss zum Ostfeldzug, Hitlers eigentlichem Krieg gegen die Sowjetunion (*Operation Barbarossa*), der nicht zuletzt auch geführt wurde, um Großbritannien zum Einlenken zu bringen. Die Organisationsabteilungen des Generalstabs wurde jetzt auch mit den Planungen für eine Invasion Englands (*Operation Seelöwe*) befasst. Mit Hitlers Entschluss zum Angriff auf die Sowjetunion im Juli 1940 schieden die ebenfalls ventilierten Alternativen aus: Ribbentrops politisches Vorhaben der Schaffung eines europäisch-asiatischen »Kontinentalblocks« von Madrid bis Yokohama; der Alternativentwurf von Raeder, dem Oberbefehlshaber der Kriegsmarine, mit einer Schwerpunktverlagerung der deutschen Kriegführung in den Mittelmeerraum, in den Nahen Osten und nach Nordwestafrika; die von dem Befehlshaber der U-Boote, Dönitz, vertretene Konzeption eines totalen U-Boot-Krieges mit dem Ziel der Beherrschung der atlantischen Seewege. Es blieb allein die auf »Lebensraum im Osten« und Vernichtung der Juden in Ostmitteleuropa gerichtete, sich ganz an Hitlers Programm aus *Mein Kampf* orientierende Strategie gegen die Sowjetunion übrig. Aus Hitlers Sicht sprach dafür zudem die (falsche) Erwartung, das Riesenreich im Osten stehe kurz vor dem Zusammenbruch und Großbritannien könne durch »Zerschlagung seines Festlandsdegens« zum Frieden mit Deutschland »auf der Basis der Teilung der Welt« (Hasso von Etzdorf)[70] gezwungen werden.

Inwieweit sich Hitlers politisch-strategisches Kalkül dem aufmerksamen Beobachter schon damals, im Sommer 1940, erschloss, entzieht sich unserer Kenntnis, doch Stauffenberg hat die mit diesen Entscheidungen verbundenen Vorbereitungen aus nächster Nähe erlebt. Als Hauptmann (seit 1941:

Major) in der Operationsabteilung gewährte ihm seine Aufgabe hinreichend Einblicke und Begegnungen, die ihn zu einem eigenen Urteil befähigten. Sein Arbeitstempo war enorm, die Methoden bisweilen reichlich unorthodox, aber immer zielorientiert. Er hatte für seine Untergebenen stets ein offenes Ohr, wenn sein Rat gefragt war. Immer fand er den treffenden Ton, und weithin geschätzt waren seine echte kameradschaftliche Anteilnahme und seine Geselligkeit. Stets erweckte er den Eindruck, dass er sich ganz auf sein Gegenüber einstellte. Er schonte sich nicht, und auch anderen verlangte er viel ab, doch nie übertrat er die Grenzen des Zulässigen, und selbst in der größten Belastung war er zu einem Scherz, zu einer Aufmunterung oder einem fröhlichen Wort aufgelegt: »Ich habe die Tür von Claus nie geöffnet, ohne ihn am Fernsprecher anzutreffen. Vor ihm Stöße von Papier, die Linke am Hörer, die Rechte, mit dem Bleistift bewaffnet, die Akten ordnend«, erinnerte sich einer, der täglichen Umgang mit ihm hatte.[71] Stauffenberg beherrschte es meisterhaft, mehrere Arbeiten zugleich zu erledigen. Er verstand es, mit einem Blick Wesentliches vom Unwesentlichen zu trennen. Seine Konzentrationsfähigkeit war schier unerschöpflich, und er, der nicht mit Leichtigkeit formulierte, beherrschte die Kunst der Verdichtung. Ein 14- oder 16-Stunden-Tag war keine Seltenheit, und immer waren die Tage mit Telefonieren, Vorträgen, Diktaten, Aktenstudium und Vortragsnotizen angefüllt: Er schlief wenig, und auch auf den morgendlichen Ausritt verzichtete er selten.

Stauffenberg war ein Mann mit klarem Kompass. Er fand Erfüllung in der Geborgenheit seiner Familie – mit der Geburt von Valerie (1940) war die Kinderschar mittlerweile auf vier angewachsen – und schöpfte Kraft aus dem christlichen Glauben. Es waren die kleinen Zeichen, die Aufschluss über seine Fixpunkte gaben. Die Fotografien von Frau und Kindern auf der Kommode, ein herumliegendes Gebetbuch oder Kreuz, die einem Kameraden aufgefallen waren, standen für eine Festigkeit, die nicht viel Aufhebens von sich machen musste. Zu den festen Grundsätzen kam ein peinlicher Ordnungssinn hinzu, verbunden aber mit der Fähigkeit zur Improvisation. Nie war er um einen Lösungsweg verlegen. Der passionierte Reiter war sehr aufnahmefähig für die Schönheit der Natur. Dem Zauber, der von der Abgeschiedenheit der dichten, scheinbar undurchdringlichen Wälder Ostpreußens ausging, etwa dem »Mauerwald«, jenem vom Mauersee begrenzten Lagerbezirk in der Nähe Angerburgs, wo sich, etwa 18 km vom Führerhauptquartier »Wolfschanze« entfernt, seit 1941 das Hauptquartier des OKH befand, wäre er unter normalen Verhältnissen sicherlich erlegen. Doch in den angespannten, bis zur letzten Stunde mit dienstlichen Aufträgen angefüllten Tagen war Stauffenberg mit Leib und Seele Generalstabsoffizier, und gerade diese Aufgabe war es, die ihn zunehmend in Distanz zum Regime brachte und, in der Folge, den Weg in den aktiven Widerstand gehen ließ.

Stauffenbergs klare Sprache, mit der er gegenüber Vertrauten Fehler und Verbrechen der Nationalsozialisten geißelte, war auch im Generalstab des Heeres in dieser Form eine Seltenheit, und sie war gefährlich. Sein Handeln war jenem Dilemma ausgesetzt, das das geheime Wirken des deutschen Widerstands gegen Hitler von Anbeginn charakterisierte und das zu so vielen Missverständnissen bei der späteren Beurteilung durch Historiker und Publizisten Anlass gegeben hat. Denn Widerstand, will er etwas bewirken, muss mit partieller Affirmation der bestehenden Zustände einhergehen. Stauffenberg war kompromisslos in seiner Ablehnung des Nationalsozialismus, und er konnte freimütig, bisweilen sogar unvorsichtig in seinen Äußerungen sein. Doch dies war nur seine eine Seite; die andere war die des vorbildlichen, pflichtbewussten

Generalstabsoffiziers, der ein übergroßes Pensum bewältigte und bei einigen, die ihm in jenen Mauerwaldjahren begegnet waren, zu dem falschen Eindruck geführt hat, er sei damals sicherlich noch kein Gegner des Regimes gewesen.

Widerstand kennt verschiedene Stufen, die ineinander übergehen. Lediglich in seiner letzten Konsequenz ist er mit der Konspiration und den aktiven Vorbereitungen für ein Danach verbunden. Doch auch davor schon verlangt er vom Einzelnen ein klares Bekenntnis, politisches Fingerspitzengefühl und, nicht zuletzt, eine gehörige Portion Mut, sich dem Anspruch des Regimes zu widersetzen, sich seiner Politik nicht zu beugen. All dies war bei Stauffenberg anzutreffen, und er war bereit, für seine Überzeugung einzutreten, wenn es darauf ankam, Farbe zu bekennen. Diejenigen seiner Kameraden, die im OKH zu seinem inneren Kreis gehörten, haben genau auf der Basis des gemeinsamen vernichtenden Urteils über Hitler zusammengefunden. Dietz von Thüngen hat dies in einem Satz zusammengefasst. »Er [Hitler] ist ein Narr, ein Verbrecher«, heißt es in Thüngens unveröffentlichter Aufzeichnung, »das war die Erkenntnis von Claus und seinen Gesinnungsgenossen in der ›Orgabteilung‹. Und das war der Grund, auf dem Claus und ich uns näher kamen.«[72] Und abends, im vertrauten Kreis mit den Freunden, dem fröhlichen Peter Sauerbruch, der Generalstabsoffizier bei Generaloberst Halder war und ebenfalls zum Reiterregiment 17 gehörte, mit Oberst i. G. Finkh, dem späteren Oberquartiermeister West, und mit dem Verbindungsmann des Auswärtigen Amtes beim Generalstab des Heeres, Hasso von Etzdorf, nahm Stauffenberg kein Blatt vor den Mund, denn er konnte sich auf die Verschwiegenheit seiner Gesprächspartner verlassen.

Verlässliche Gefolgsmänner zu gewinnen, das war eine der wesentlichen Herausforderungen des deutschen Wider-

hatte: »Die Tage in und um Charkow mit der Berührung mit all den besuchten Divisionen war eine große Freude und hat wieder ›viel Auftrieb gegeben‹. Freilich kam auch wieder in besonderem Maße zum Bewusstsein, was man fern der Truppe versäumt. [...] Demgegenüber bleibt alle Befriedigung, die in gewissem Sinn natürlich auch hier zu finden ist, ein klägliches Surrogat. [...] Dabei aber selbst den inneren Schwung nicht zu verlieren, fällt nicht immer leicht. Herr General werden am besten verstehen, wie erquickend ein Besuch aus solcher Luft dann dort ist, wo bedenkenlos der höchste Einsatz gewagt wird, wo ohne Murren das Leben hingegeben wird, während sich die Führer und Vorbilder um das Prestige zanken oder den Mut, eine das Leben von Tausenden betreffende Ansicht, ja Überzeugung zu vertreten, nicht aufzubringen vermögen.«[75]

Seine in der Zwischenzeit gewonnene Erkenntnis von Hitlers Verzicht auf Strategie und Politik, seine schonungslose Analyse der sich verschlechternden militärischen Lage und vor allem seine Offenheit, das unverblümte Ansprechen von Fehlern und Defiziten, machten Stauffenbergs Verbleib im Oberkommando des Heeres im Herbst 1942 für ihn zunehmend gefährlich. Er selbst hat sich in jenen Monaten wiederholt dahingehend geäußert, dass ihm allmählich die Luft dort zu dünn geworden sei, und davon gesprochen, dass man, wenn man die Dinge nicht mehr so sehe, wie sie seien, schleunigst aus diesem Haus gejagt gehöre.[76] Schon vor Stalingrad war Stauffenberg zu der Einsicht gelangt, dass Hitler nur mit Gewalt zu einer Änderung seines Kurses zu bewegen sei. Düster hatte Hitler im November 1942 mit seiner Ankündigung, er höre immer erst fünf Minuten nach zwölf auf, das den folgenden militärischen Katastrophen zugrunde liegende Handlungsmuster ausgesprochen. Mit der Kapitulation der letzten Teile der von sowjetischen Kräften eingeschlossenen 6. Armee, der Hitler den Ausbruch versagt hatte, war der Kampf um Stalingrad am 2. Februar 1943 zu Ende gegangen. Von den 250.000 Wehrmachtssoldaten waren lediglich 34.000, zumeist Verwundete, ausgeflogen worden. 91.000 mussten den Weg in die oftmals langjährige – und nicht selten auch tödliche – sowjetische Kriegsgefangenschaft antreten, der überwiegende Teil der Soldaten fand in den Kämpfen den Tod.

Die sich lange hinziehende Katastrophe von Stalingrad hat Stauffenberg in der Gewissheit bestätigt, dass Hitler Deutschland in den Abgrund führen werde und deshalb eher früher als später gehandelt werden müsse. Am 26. Januar 1943 hatte er Gelegenheit, mit Feldmarschall Erich von Manstein, dem Oberbefehlshaber der Heeresgruppe Don, zu sprechen. Manstein galt als begabter militärischer Führer im Zweiten Weltkrieg. Gerade war sein Entsatzversuch für die 6. Armee aus dem Kessel von Stalingrad *(Unternehmen Wintergewitter)* gescheitert. Dennoch hatte Mansteins Stimme großes Gewicht. Dies erklärt, warum sich die Männer des 20. Juli bis zum Schluss vergeblich bemühten, Manstein für den Widerstand zu gewinnen. Auch Stauffenberg hatte das militärische Desaster von Stalingrad zum Anlass genommen, um Manstein zu grundsätzlichen Aussagen zum Regime, zu einer Distanzierung von Hitlers Verzicht auf jegliche Strategie zu bewegen. Mansteins Adjutant, Alexander Stahlberg, hat diese Begegnung in seinen Memoiren festgehalten. Aus diesem Gedächtnisprotokoll wird zweierlei ersichtlich: erstens, wie sehr Stauffenberg in seinem Plädoyer für eine Abwendung von Hitlers Kurs militärstrategisch und verantwortungsethisch argumentierte; und zweitens, wie furchtlos Stauffenberg, damals im Rang eines Oberstleutnants, einem der ranghöchsten und bedeutendsten militärischen Führer gegenübertrat. »Herr Feldmarschall sind derjenige, der nach Können und Rang prädestiniert sind, den militärischen Oberbefehl zu übernehmen.« – »Dieser Vorstoß Stauffenbergs war klug«, so erinnerte sich Stahlberg, »denn er traf mitten hinein in das Zentrum von Mansteins eigenem Denken und Trachten. So zeigte sich der Feldmarschall wohl geschmeichelt. Jedenfalls widersprach er nicht. Nun ließ Stauffenberg nicht locker: Man müsse diesen Weg irgendwie erzwingen. Doch hier war die Schwelle erreicht, die zu überschreiten der Feldmarschall sich weigerte. Er sei willens, sagte er, bei der ersten sich bietenden Gelegenheit mit dem Führer offen über die Frage der ›Spitzengliederungen‹ zu sprechen, aber er sei nicht bereit, sich in irgendeiner Form, direkt oder indirekt, an ungesetzlichen Aktivitäten zu beteiligen. Stauffenberg begann von neuem: Wenn sich niemand finde, der die Initiative ergreife, dann werde alles so bleiben wie bisher, und das bedeute, wir würden schließlich in eine große Katastrophe einmünden. Manstein bestritt dies auf das Heftigste: Es seien nicht seine, sondern Stauffenbergs Gedanken, die eine Katastrophe herbeiführen würden. Die von Stauffenberg geäußerten Gedanken würden zu einem Zusammenbruch der Fronten und zum Bürgerkrieg führen. Ein Krieg sei so lange nicht verloren, wie man ihn nicht verloren gebe. Es möge sein, dass wir unsere größte militärische Krise sogar noch vor uns hätten. Sollte das so sein, dann werde der Führer selbst erkennen, dass er jemanden brauche, der ihm die Sache wieder in Ordnung bringe. Man müsse die Kraft haben, dies abzuwarten.«[77] Hier war Stauffenberg natürlich ganz anderer Meinung.

Eine Frontverwendung war nach über zwei Jahren im OKH zwar nicht zwingend geboten, doch für Stauffenberg in vielerlei Hinsicht durchaus von Vorteil. Am 1. Januar 1943 war er zum Oberstleutnant befördert worden. Seine Karriere ging zügig voran, und die nächste Frontversetzung als

Erster Generalstabsoffizier (»Ia«) zur 10. Panzerdivision in Nordafrika stand bevor. Sein Chef, Generaloberst Zeitzler, hatte sie wohl auch deshalb verfügt, um Stauffenberg zu ermöglichen, die weiteren Stufen als Generalstabsoffizier zu nehmen. Die Ernennung selbst war dann recht eilig erfolgt, weil Ersatz für seinen ums Leben gekommenen Vorgänger aufgeboten werden musste. Die 10. Panzerdivision in Nordafrika gehörte zur 5. Panzerarmee, die Rommels Rückzug in Nordafrika abdeckte. Mit dem Durchbruch der 8. britischen Armee unter General Montgomery durch die El-Alamein-Stellung im Oktober 1942 und mit der zeitgleichen Landung britisch-amerikanischer Verbände unter General Eisenhower in Französisch-Nordwestafrika neigte sich die Waagschale in Nordafrika zu Hitlers Ungunsten. Als Stauffenberg auf dem nordafrikanischen Kriegsschauplatz eintraf, waren die Würfel bereits gefallen. Mit seinem neuen Kommandeur, Generalmajor Freiherr von Broich, verband Stauffenberg gleich ein Vertrauensverhältnis. Seine herausragenden militärischen Fähigkeiten – die rasche Auffassungsgabe, die Fähigkeit, Taktik und Strategie auf weite Sicht zu formulieren –, vor allem aber seine Charakterstärken, das offene Gespräch, das er mit seinen Untergebenen und Vorgesetzten gleichermaßen führte, Fürsorge und Zuhörenkönnen, Zuverlässigkeit und Geradlinigkeit, machten ihn bald schon zum geachteten und weithin geschätzten militärischen Führer. »Kdr [Kommandeur] und Ia sind prima«, schrieb damals ein Leutnant aus Stauffenbergs Stab an seinen Bruder. Ohne Nachschub und mit ständig abnehmender Kampfkraft war die Lage der deutschen und italienischen Verbände in Tunesien freilich aussichtslos. Sie hatten der alliierten Übermacht letztlich nichts entgegenzusetzen. Daran änderte auch die Bildung einer neuen Heeresgruppe in Afrika unter Rommels Führung am 23. Februar nichts. Bei Stauffenbergs Ankunft war die deutsche Strategie

*Stauffenberg mit seinem Divisionskommandeur, Generalmajor
Friedrich von Broich, und Generalfeldmarschall Erwin Rommel
im Gespräch, Tunesien, Frühjahr 1943. Unmittelbar vor dem Attentat
versuchte Stauffenberg, Rommel für den Widerstand zu gewinnen.*

bereits gescheitert, der Wüstenkampf aussichtslos geworden.
Stauffenberg blieb vor allem die Aufgabe des Rückzugs, den
er mit großem militärischem Können, mit Mut und ganzem
Einsatz organisierte.

Beim Rückzug seiner Division in den Morgenstunden
des 7. April 1943 zum neuen Gefechtsstand in Mezzouna geriet Stauffenberg, der, wie es die Vorschrift vorsah, wegen
der Fliegerangriffe getrennt von seinem Kommandeur fuhr
und vom Horch-Kübelwagen aus stehend Anweisungen gab,
in ein Inferno von brennenden Fahrzeugen und Jagdbom-
berbeschuss. Auch sein Wagen kam unter Feuer. Stauffenberg
konnte sich noch aus dem Wagen retten, wurde aber, mit
dem Kopf auf den Händen im Wüstensand liegend, von der
Garbe eines Tieffliegers getroffen. Noch vor Ort legte ihm
ein vorbeifahrender Assistenzarzt einen Verband mit Sulfona-

miden an. Er wurde unter fortdauerndem Tiefliegerbeschuss und ohne Schutz ins Feldlazarett bei Sfax transportiert. Dort wurden ihm die rechte Hand über dem Gelenk, der kleine und der Ringfinger der linken Hand sowie das linke Auge amputiert. Drei Tage später wurde er von dort, wieder durchs Tiefliegerfeuer, ins Kriegslazarett nach Tunis-Karthago und von dort über Livorno im Lazarettzug ins Reserve-Lazarett nach München gebracht.

Die Familie hatte zunächst keine Nachrichten von der schweren Verwundung Stauffenbergs erhalten. Als erster wurde dann sein Bruder Berthold in Kenntnis gesetzt, und erst am Karfreitag, dem 23. April, konnte Nina Gräfin Stauffenberg ihren Mann zum ersten Mal besuchen. Er war mit dem Leben davongekommen. Das Feuer aber, das in ihm brannte, war nun um so heftiger entfacht. Er drängte zur Tat, wie diejenigen bemerkten, die ihn in jenen kritischen Tagen erlebten. Zu den Verstümmelungen kamen noch heftiges Wundfieber, langsam herauseiternde Granatsplitter, eine lebensbedrohliche Mittelohrentzündung und Tetanusbakterien im Kniegelenk hinzu; Mittelohr und Kniegelenk mussten operiert werden. Stauffenberg lehnte es zu jeder Zeit ab, Schmerzmittel zu nehmen. Seine zahlreichen Besucher bemerkten durchaus die Veränderungen, die sich jetzt in ihm vollzogen. »Es war ein gewisser Durchbruch bei ihm. Ich erinnere mich, wie ich ihn in München am Krankenbett besuchte, und er sagte: ›Es wird Zeit, dass ich das Deutsche Reich rette!‹ Ich habe diesen Satz gewissermaßen als Witz abgetan, aber es war wohl der Moment, als der Entschluss in ihm reifte, selber aktiv einzugreifen.«[78] Wie ernst es Stauffenberg mit diesem Anspruch war, geht aus einer Reihe von nahezu wortgleichen Zeugnissen hervor, die Besucher Stauffenbergs übereinstimmend berichten und die alle den Tenor »Deutschland retten« variieren.

War Stauffenberg durch die schweren Kriegsverletzungen ein anderer geworden? Schon rein äußerlich war er verändert, und er machte gar keinen Hehl aus seiner schweren Verstümmelung. Eine Prothese hatte er abgelehnt, dafür an den Stumpf des rechten Arms eine stählerne Kugel anbringen lassen. Manchmal schlug er im Gespräch, wie zur Bekräftigung des Gesagten, mit der Stahlkugel auf den Tisch. »Er erinnerte mich«, schrieb ein Zeuge, »an eine der Piratengestalten aus Stevensons ›Schatzinsel‹«, und er kam zu dem Schluss, dass sich Stauffenberg auch »innerlich gewandelt« habe.[79] Stauffenberg war durch die Hölle des Krieges gegangen. Die Berührung mit dem Tod und die Bindung an die Besonderheit des soldatischen Dienens, die Bereitschaft, unter Einsatz des eigenen Lebens seinen Auftrag zu erfüllen, haben in ihm den Grundsatz verankert, dass der sittliche Wert eines Menschen erst da beginnt, wo er bereit ist, sein Leben für andere zu opfern.

Auch im Lazarett war Stauffenberg nicht allein. Der Besucherstrom riss nicht ab: Kameraden, Vorgesetzte, Freunde und Verwandte. Seine Mutter kam täglich vorbei. Generaloberst Zeitzler brachte das goldene Verwundetenabzeichen und Wein. Andere hätten sich an seiner Stelle hochdekoriert nach Bamberg oder Lautlingen zurückgezogen. Doch er wäre nicht der gewesen, der er war, wenn er nicht auch jetzt, schwer kriegsversehrt und gerade mit ärztlicher Kunst, unglaublicher Willensstärke und Energie leidlich wiederhergestellt, nach neuen Aufgaben verlangt hätte. Mit eiserner Disziplin und trotz Wundfieber hatte er gelernt, mit seinen verbliebenen drei Fingern der linken Hand zu schreiben, sich – unter großen Mühen – anzuziehen und die tägliche Toilette zu machen. Eine Frontverwendung kam nun nicht mehr in Frage. Doch in jedem Fall wollte er sich nützlich machen und, dies gewann immer mehr an Bedeutung, er wollte in

Ein Tieffliegerangriff in Nordafrika hatte Stauffenberg
schwer verstümmelt. Im Lazarett in München musste er
mühsam lernen, mit den verbliebenen drei Fingern zu schreiben.
Das Bild zeigt einen handschriftlichen Brief Stauffenbergs
an einen Freund vom 9. Juni 1943.

eine Position gelangen, von der aus er im Sinne der Verschwörer wirken konnte. Denn was bis dahin eine lose Verbindung
von Gleichgesinnten war, wurde allmählich zu einer festen
Gruppe, deren Zusammenhalt vom gemeinsamen Entschluss
zur gewaltsamen Beseitigung Hitlers getragen war.

Ohne ein Verständnis für die Entwicklung des Verhältnisses zwischen Armee und Partei seit der nationalsozialistischen »Machtergreifung« kann Stauffenbergs Biografie und
sein Entschluss zur Tat nicht begriffen werden. Lange Zeit
bestimmte der Grundsatz des Sich-Heraushaltens das Verhältnis zwischen Hitler und dem Heer. Soldaten durften
nicht Parteimitglied sein, und die Distanzierung der Reichswehr gegenüber der Weimarer Republik wirkte auch in nationalsozialistischer Zeit fort. Seit General Schleichers Zeiten

hatte die Armee den Umformungs- und Politisierungsver-
suchen erfolgreich widerstanden. Mochte im Einzelnen die
Empörung über Schleichers Ermordung im Juni 1934, über
die Intrige gegen Fritsch, über Rassengesetze, Kirchenverfol-
gung oder Judenpogrome auch groß gewesen sein, die Staats-
streichpläne 1938 und 1940 blieben die Initiative Einzelner.
Erst in der zweiten Kriegshälfte, als sich das Kriegsglück von
Deutschland abgewandt hatte und die Verbrechen des Regimes immer offenkundiger wurden, fanden zivile Gruppierungen und militärische Kräfte im Widerstand gegen Hitler
und den Nationalsozialismus wirklich dauerhaft und zum
gemeinsamen Vorgehen entschlossen zusammen. Aber auch
die Bezeichnung »militärischer Widerstand« ist nicht ganz
treffend, da es sich zu keiner Zeit um den Widerstand des gesamten Militärs oder einer Institution handelte, sondern immer nur um das couragierte Aufbegehren einzelner Wehr-
machtsangehöriger, die untereinander in Kontakt standen.
Die führenden Persönlichkeiten innerhalb dieser Bewegung
waren die Generale Beck und Oster, die Zentren das Oberkommando des Heeres, die Heeresgruppe Mitte sowie der
Militärbefehlshaber Frankreich, der Oberbefehlshaber West
und die Heeresgruppe B. Generaloberst Beck war im August
1938 aus Protest gegen den von ihm als unverantwortlich
empfundenen und scharf kritisierten Kriegskurs Hitlers zu-
rückgetreten: Beck war in vielem der Antipode der nationalsozialistischen Führungsriege. Er verkörperte in reiner Form
preußisches militärisches Denken und, wie sein Vorgänger
und Vorbild Moltke, den Typus des Generalstabschefs, ein
strategischer Denker, voller Selbstbeherrschung und Disziplin. »Von großer Bescheidenheit und Vornehmheit, von hoher Pflichtauffassung geprägt, lebte er nach der Moltke'schen
Forderung ›mehr sein als scheinen‹«,[80] erinnerte sich später
General Hans Speidel, der Beck als Generalstabschef erlebt

hatte und sich am 20. Juli 1944 in Paris in einer Schlüsselstellung für den Widerstand befand. Beck stellte die Aufgabe des Generalstabs in einen größeren Rahmen. Er fühlte
sich dem Ethos soldatischen Dienens verpflichtet und stand
für eine ritterliche Form der Kriegführung. Nie war der
Generalstab geschlossener als unter seiner Führung. Wären
die Westmächte nicht Hitlers territorialen Forderungen auf
der Münchner Konferenz so weit entgegengekommen und
wäre der für September 1938 geplante Staatsstreich erfolgreich ausgeführt worden, hätte Beck die Verantwortung in
Deutschland übernommen. Er war der Spiritus Rector der
Opposition, ihn hatten die Männer und Frauen des 20. Juli
als Staatsoberhaupt vorgesehen. Oberst (später: General) Hans
Oster war Leiter der Abteilung Z des von Admiral Canaris
geführten Amtes Ausland/Abwehr und eine der am stärksten
zur Tat drängenden Kräfte im deutschen Widerstand. Er hatte in der Abwehr eine konspirative Gruppe Gleichgesinnter
– den Reichsgerichtsrat Hans von Dohnanyi, den Sonderführer Josef (»Ochsensepp«) Müller, den Theologen Dietrich
Bonhoeffer – um sich geschart. Seine Verhaftung im April
1943 – sie stand im Zusammenhang mit Ermittlungen wegen
Devisenvergehen gegen ein Mitglied des Oster-Kreises, den
Münchner Rechtsanwalt Wilhelm Schmidhuber, der seine
Abwehr-Aktivitäten für lukrative private Geldgeschäfte genutzt hatte – war dann auch ein empfindlicher Schlag gegen
die deutsche Opposition, von dem sich der Widerstand nie
vollständig erholte.

Von seinem Onkel Nikolaus Graf Üxküll (»Onkel Nux«),
der als Kommandeur der aserbaidschanischen Legion bei
Priluki in der Ukraine gegen die Massenerschießungen von
Juden eingeschritten war, wurde Stauffenberg später für den
aktiven Widerstand gewonnen. Den ersten Anwerbungsversuchen hatte er sich noch entzogen. Welches Argument nun

den Ausschlag gegeben hat, lässt sich nicht zweifelsfrei nachvollziehen. Ein Mitwirken entsprach ganz dem Anspruch, Deutschland retten zu wollen. Es wird auch ein Stück Zorn über das Unvermögen der Generale, zum entscheidenden Schlag gegen Hitler anzusetzen, dazugekommen sein. Zu jener Zeit, als Stauffenberg zum inneren Kreis des Widerstands stieß, war der erste Generalstabsoffizier im Oberkommando der Heeresgruppe Mitte, Henning von Tresckow, die treibende Kraft der Verschwörer. Tresckow kannte Stauffenberg seit 1941, als dieser als junger Major in der Operationsabteilung des Heeres Dienst tat. Anfang 1943 hatte er bereits eine Reihe von Methoden erwogen, Hitler zu töten, und hatte sich nach reiflicher Überlegung für ein Sprengstoffattentat entschieden. Seit Jahresbeginn hatte sich bei ihm auch die Auffassung verfestigt, dass der Umsturz am besten mit Hilfe des Ersatzheeres herbeizuführen sei. Die Planung sah vor, dass das Ersatzheer durch das Stichwort »Walküre« alarmiert werden sollte. Die »Walküre«-Befehle, die für innere Unruhen vorgesehen waren, schienen Tresckow für einen Umsturz wie geschaffen. Trotzdem waren die Verschwörer in ihren Bemühungen seit 1942 immer wieder zurückgeworfen worden.

Zwei Attentatsversuche im März 1943 – der eine am 13., der andere am 21. – waren fehlgeschlagen. Tresckow war nun um so mehr bemüht, die maßgeblich vom Chef des allgemeinen Heeresamtes, General Friedrich Olbricht, betriebenen Umsturzvorbereitungen auf eine breitere Grundlage zu stellen. Das Attentat selbst, also sozusagen die Initialzündung zum Umsturz, sollte nach den Planungen von 1942/43 von einem erfahrenen Offizier ausgeführt werden. Ohne durchschlagenden Erfolg hatte Tresckow den Oberbefehlshaber der Heeresgruppe Mitte, Generalfeldmarschall Hans Günther von Kluge, für den Widerstand zu gewinnen versucht.

Dafür war es ihm gelungen, eine ganze Reihe von wichtigen Positionen mit Offizieren seines Vertrauens zu besetzen, auf die im Fall einer Erhebung gegen Hitler Verlass sein würde. Und auch Stauffenberg bekleidete jetzt eine Schlüsselstellung. Zwischen August und Oktober suchte er Tresckow immer wieder in dessen Wohnung in Neubabelsberg auf, um die weiteren Umsturzplanungen zu besprechen. Eigentlich hatte es ihn, obwohl noch nicht wiederhergestellt, wieder zurück an die Front gezogen. Es war ihm sogar gelungen, sich trotz seiner schweren körperlichen Beeinträchtigungen kriegsverwendungsfähig schreiben zu lassen. Nach mehrwöchigem Genesungsaufenthalt in Lautlingen war er im Oktober 1943 in der Lage, seinen Dienst als Chef des Stabes beim Chef des Allgemeinen Heeresamtes, General Olbricht, anzutreten. Von daher fügte sich die Verwendung von Stauffenberg im Ersatzheer bestens in die Umsturzplanungen ein. In München sagte er deshalb sogar die Operation ab, bei der ihm eine Prothese am rechten Arm – ein sogenannter Sauerbrucharm – hätte angepasst werden sollen.

Für den 36-jährigen begann nun die entscheidende, intensivste und schwierigste Phase seines Lebens. Er hatte nicht nur ein außergewöhnlich verantwortungsvolles Amt als Chef des Stabes beim Allgemeinen Heeresamt zu versehen – normalerweise keine Aufgabe, die bereits einem Offizier im Rang eines Oberstleutnants übertragen wurde –, er war jetzt auch ganz ins politische und militärische Geflecht des Widerstands gegen Hitler eingebunden. Zu seiner schweren Kriegsversehrung – »Onkel Nux« war mit in die gemeinsame Wohnung der Brüder Stauffenberg in der Tristanstraße in Berlin-Nikolassee gezogen, auch um dem Neffen bei dem mühsamen Prozess des An- und Auskleidens zur Hand gehen zu können – kamen noch die Verantwortung für die damals sechsköpfige junge Familie und die Fahrten zwischen Berlin,

Bamberg und Lautlingen hinzu. Über welche innere Kraft und Ruhe Stauffenberg zu jener Zeit verfügte, geht aus den Zeugnissen hervor, die ihm nahestehende Menschen gegeben haben. Sie zeigen eindringlich, aus welchen Quellen der Mann der Tat schöpfen konnte. »Einmal war er bei meiner Schwägerin«, erinnerte sich später seine Frau Nina, »die keinen Luftschutzkeller im Haus hatte. Als der Voralarm über das Telefon kam, gab mein Mann allen Bescheid, klemmte sich seine Stiefel unter den Arm, ging in den Splittergraben und hat dort auf einem Stuhl weitergeschlafen. Nach der Entwarnung sind alle wieder ins Haus gegangen, er legte sich ins Bett und schlief weiter. In dieser Nacht habe es noch zweimal Alarm gegeben, erzählte mir meine Schwägerin, niemand habe ein Auge zugemacht – außer Claus. Dieses Abschaltenkönnen war eine große Kraftquelle.«[81]

Verhandeln?
Zwischen Ost und West
(1943/44)

Neben den unmittelbaren Vorbereitungen für das Attentat war die Frage der außenpolitischen Absicherung des Staatsstreichs von zentraler Bedeutung für das Gelingen der Verschwörung. Der Kontakt zum Kriegsgegner gestaltete sich jedoch außerordentlich schwierig, seitdem der britische Kriegspremier Winston Churchill im Herbst 1941 die Parole »absolutes Stillschweigen« als Maßgabe für die Beantwortung der Annäherungsversuche der deutschen Opposition ausgegeben hatte und auch die amerikanische Regierung Roosevelt keine Anstalten machte, den Vertretern des »anderen Deutschland« Gehör zu schenken. Seit 1942 war unter den Verschwörern umstritten, inwieweit eine Niederlage als Voraussetzung für Verhandlungen in Kauf genommen werden sollte oder ob es doch noch gelingen könnte, nach Hitlers Abgang einen Keil zwischen die Weltkriegsalliierten zu treiben und einen separaten Friedensschluss zu erwirken. Grundüberlegung war dabei freilich, dass erst dann realistische Aussichten bestanden, von den Westmächten als Verhandlungspartner akzeptiert zu werden, wenn eine vertrauenswürdige Regierung in Deutschland das Heft in die Hand genommen hatte. Mit der in Casablanca im Januar 1943 von Churchill und Roosevelt beschlossenen Formel von der »bedingungslosen Kapitulation« waren die Chancen für einen Sonderfrieden nahezu vollständig geschwunden, und es versteht sich von selbst, dass mit dem fortschreitenden Kriegsverlauf und den deutschen Verlusten diese Aussichten an der Jahreswende 1943/44 nicht gestiegen waren.

Dabei war es nicht so, dass es in London und Washington keine Vorstellungen von den Zielen und Plänen der deutschen Opposition gegen Hitler gab. Die Fühler, die die konservative Opposition im ersten Kriegswinter 1939/40 immer wieder über das neutrale Ausland, insbesondere die Schweiz und den Vatikan, in Richtung der Regierung Chamberlain/Halifax ausgestreckt hatte, die Auslandsreisen Dietrich Bonhoeffers nach Schweden 1942, die eingehenden Sondierungen Helmuth James von Moltkes über die Türkei 1943 und, nicht zuletzt, die zahlreichen Auslandsaktivitäten Adam von Trott zu Solz' in den Jahren 1939 bis 1943 hatten ein sehr präzises Bild ergeben. Doch es gab kein anglo-amerikanisches Interesse an einem vorzeitigen Frieden mit Deutschland. Den deutschen Hitlergegnern wurde in London und Washington die kalte Schulter gezeigt, und dies war bestimmt keine Ermutigung zum Umsturz. Die Vorhaltungen und Verdächtigungen, die sich in den britischen und amerikanischen Aktennotizen finden, erfolgten wider besseres Wissen, denn im Foreign Office und im State Department wurde sehr wohl präzise und umfassend über die Sondierungen des »anderen Deutschland« berichtet.

Lange Zeit hatte sich Stauffenberg grundsätzlich zurückhaltend gegenüber den Anwerbungsversuchen der Opposition gezeigt. Noch Anfang 1942 hatte er über seinen Vetter Hans-Christoph von Stauffenberg an Helmuth James von Moltke, der ihn für die Opposition gewinnen wollte, ausrichten lassen: »Er sagt, wir müssen erst den Krieg gewinnen. Während des Krieges darf man so etwas nicht machen, vor allem nicht während eines Krieges gegen die Bolschewisten. Aber dann, wenn wir nach Hause kommen, werden wir mit der braunen Pest aufräumen.«[82] Wenig später allerdings hatten sich Stauffenberg und Moltke einander angenähert und waren in unregelmäßigen Abständen in Peter Yorcks Wohnung in der Berliner Hortensienstraße zusammengekommen. Vieles spricht dafür, dass es vor allem Stauffenbergs sich verdichtende Verbindungen insbesondere zu den Kreisauern, aber auch seine wiederholten Gespräche mit Goerdeler waren, die ihn zu einer Neubewertung bewogen haben. Mit der persönlichen Entscheidung für den Widerstand ging bei Stauffenberg konsequenterweise auch der Entschluss einher, eine engere Verbindung mit den anglo-amerikanischen Gegnern zu suchen. Claus von Stauffenberg verfügte zu dem Zeitpunkt, als er zur treibenden Kraft bei den Planungen für Staatsstreich und Attentat wurde, über keine eigenen Auslandskontakte. Das diplomatische Feld war ihm fremd. Bislang hatten sich andere im deutschen Widerstand um diese Aufgabe gekümmert. Doch Stauffenberg nahm seine Rolle so ernst, dass er sich mehr und mehr mit außenpolitischen Fragen beschäftigte. Die Gestapo kam später in ihren Verhören zu dem Ergebnis, dass Stauffenberg bemüht gewesen war, »sich möglichst umfassende Informationsquellen über Vorgänge im Ausland und über die Einstellung beim Feind zu verschaffen«.[83] In Stauffenbergs Wirken wurde die vielfach beschriebene Trennung zwischen militärischem und zivilem Widerstand aufgehoben. Gewiss, es gab eine Rollenverteilung im Widerstand, doch brachte es die sich 1943/44 verschlechternde Lage mit sich, dass eine klare Trennung der Verantwortungsbereiche nicht mehr möglich war. Eine Schlüsselrolle bei den Auslandskontakten kam Adam von Trott zu, der Stauffenbergs erster Kontaktmann zu den Westalliierten und wichtigster außenpolitischer Ratgeber war und der zugleich in seiner Person den Brückenschlag zwischen Kreisauern und militärischem Widerstand verkörperte.

Die Verbindung zu Adam von Trott zu Solz war über Claus' Bruder Berthold zustande gekommen. Trott, nach Kriegsausbruch ab 1940 zunächst Hilfsarbeiter, später Legationssekretär und Legationsrat in der Informationsabteilung des Auswärtigen Amtes, war Völkerrechtler wie Moltke und Berthold von Stauffenberg. Er verfügte über einen international ausgerichteten Freundeskreis, insbesondere im angelsächsischen Raum. Er war Rhodes-Stipendiat und hatte am Balliol College in Oxford studiert. Adam von Trott zu Solz, Jahrgang 1909, war trotz seiner jungen Jahre der führende außenpolitische Kopf des deutschen Widerstands. Er hatte 1939 die Teilnahme an einer Konferenz beim American Institute of Pacific Relations in den Vereinigten Staaten dazu genutzt, um für Vertrauen für die deutsche Opposition gegen Hitler zu werben, und war unter anderem mit Alt-Reichskanzler Heinrich Brüning, der im Exil in Cambridge/Mass. lebte, zusammengetroffen. Sein an Hegel und Marx geschulter analytischer Geist sowie sein souveränes Auftreten – »seine sehr großen, etwas verschleierten graublauen Augen mit den darüber zusammengewachsenen dunklen Brauen«, der Eindruck einer »gewisse[n] verhaltene[n] Melancholie«[84] – machten ihn zu einer ebenso auffallenden wie herausragenden Erscheinung. Trott wollte mit seinen vielfältigen Kontakten und Reisen, für die ihm seine Tätigkeit in der Zentrale des Auswärtigen Amtes einen dienstlichen Vorwand verschaffte, Briten und Amerikaner auf den großen Umsturz vorbereiten, der seiner Meinung nach in Deutschland bevorstand. In verschiedenen Denkschriften skizzierte er die Bedingungen, unter denen ein Deutschland ohne Hitler zum Friedensschluss bereit sein würde. Nach den Vorstellungen der Kreisauer über eine Neuordnung Europas und nach ihren außenpolitischen Verhandlungszielen sollte Deutschland trotz der 1943/44 nicht mehr wegzudiskutierenden militäri-

*Adam von Trott (1909–1944) war trotz seiner jungen Jahre der
führende außenpolitische Kopf im deutschen Widerstand. Er war
Stauffenbergs Kontaktmann zur freien Welt.*

schen Verluste mindestens der Rumpf des Bismarckreiches
erhalten bleiben. Die Kreisauer waren in ihrem außenpolitischen Ansatz realistisch genug, um von den nach 1940 auch
in konservativen Oppositionskreisen gehegten territorialen

Forderungen und weitreichenden Annexionswünschen Abstand zu nehmen. Schon im Frühjahr 1942 hatte Adam von Trott in einer außenpolitischen Denkschrift für den Verzicht auf die Wiederherstellung des territorialen und politischen Vorkriegszustands plädiert und als die »dringendste und unmittelbare Aufgabe, um die Katastrophe in Europa abzuwenden«, den Sturz des Hitler-Regimes bezeichnet. Trott war indes auch Diplomat genug, um später mit Blick auf das immer schlechtere außenpolitische Blatt eine »Ostlösung«, also einen Sonderfrieden mit der Sowjetunion à la Brest-Litowsk, zumindest als taktische Option in sein Verhandlungsrepertoire aufzunehmen. Im Oktober 1943 hatte er mit Mitgliedern der britischen Residentur in Stockholm die Chancen für einen Verzicht auf die alliierte Forderung nach einer bedingungslosen deutschen Kapitulation auszuloten versucht, und auch über diese Reise hat Trott Stauffenberg berichtet. Trott war in Stauffenbergs Dienststelle ein häufiger und gern gesehener Gast.

In den ersten Monaten des Jahres 1944, nach der im Januar erfolgten Verhaftung Helmuth James von Moltkes, verdichtete sich die Freundschaft zwischen Stauffenberg und Trott. Ostern 1944 schrieb Trott an seine Frau, er habe einen »hochbefähigten, feurigen, jungen Offizier kennengelernt, durch den die festgefahrene Situation wieder in Bewegung gekommen« sei.[85] Dass dieser Hoffnungsträger Stauffenberg war, darüber besteht kein Zweifel. Trotts alter Akkord: »Die Generale sind hoffnungslos«, war durch das Erscheinen des entschlossenen Oberstleutnants zumindest relativiert. Stauffenberg stand für Aufbruch und Handlungsbereitschaft. Außenpolitisch wurde die Situation für die Opposition allerdings nicht einfacher. Denn was vermochte schon ein Oberstleutnant einer fast geschlagenen Nation auszurichten? So klangvoll der Name Stauffenberg in Widerstandskreisen war – aus britischer und amerikanischer Sicht war entscheidend, dass er eben nicht eine führende Autorität aus der ersten Reihe des deutschen Generalstabes war: kein Manstein, Kluge, Beck oder Rundstedt. Die Auslandsreisen, die Adam von Trott jetzt nach Schweden und in die neutrale Schweiz unternahm, erfolgten in Absprache mit Stauffenberg und dienten der außenpolitischen Absicherung des Attentats. Denn in dem Maße, in dem Stauffenberg zur Tat drängte, rückte die Frage der geeigneten Verbindung zum britischen und amerikanischen Kriegsgegner in den Vordergrund.

Eine andere Verbindungslinie ins Ausland führte Stauffenberg im Herbst 1943 mit dem zweiten Syndikus der deutschen Lufthansa, Otto John, zusammen. Otto John, 1909 geboren, nach dem Krieg Präsident des Bundesamtes für Verfassungsschutz und spektakulärer DDR-Überläufer des Jahres 1954, war ein etwas draufgängerischer Bonvivant und lehnte die Nationalsozialisten aus tiefster Überzeugung ab. Aber er misstraute auch der Entschlossenheit der Militärs. Er war ein Grenzgänger mit vielfachen Berührungen zu Widerstandskreisen, die zumeist aus persönlichen Freundschaften wie etwa derjenigen zu Albrecht Haushofer erwuchsen und wesentlich über Johns Bruder Hans gefördert wurden. John, der damals gelegentliche nachrichtendienstliche Aufträge für das Amt Ausland/Abwehr, den Nachrichtendienst der Wehrmacht unter Admiral Canaris, wahrnahm und das Lufthansa-Büro in Madrid leitete, verfügte Ende 1943 bereits über Erfahrungen mit Friedenssondierungen.

Neben seinen Lufthansa-Verbindungen nach Madrid setzte John dabei vor allem auf den Prinzen Louis Ferdinand von Preußen, der bis 1938 Verkehrsreferent bei der Lufthansa gewesen war und der nach Kriegsausbruch vergeblich den amerikanischen Präsidenten Roosevelt für die Anliegen der deutschen Opposition zu gewinnen versucht hatte. Louis

CLAUS SCHENK GRAF VON STAUFFENBERG

Ferdinand kam dabei zugute, dass er eine fünfjährige Tätigkeit bei Ford in Amerika als Mechaniker und Verkäufer aufweisen konnte und in dieser Zeit des Öfteren Hausgast bei Präsident Roosevelt gewesen war. Auch wenn John 1943 noch davon überzeugt war, dass die Westmächte mit einem anderen Deutschland nach dem Sturz Hitlers verhandeln würden, so hatte er zur gleichen Zeit erkennen müssen, dass auch ein Kaiserenkel in Washington keine Wunder bewirken konnte. Vermutlich aufgrund seiner einschlägigen Erfahrungen wurde John von Hauptmann Ludwig Gehre im Auftrag der Verschwörer im Herbst 1943 dazu ausersehen, über seine Madrider Kanäle Friedenserkundungen vorzunehmen. Stauffenberg, der gerade Chef des Stabes bei General Olbricht geworden war, kannte John damals nur vom Hörensagen. Eine persönliche Begegnung sollte erst im Frühjahr 1944 durch Vermittlung von Stauffenbergs Adjutant Werner von Haeften zustande kommen. Beflügelt von seinem Auftrag flog John in der ersten Februarwoche nach Madrid, wo er unter anderem mit dem amerikanischen Militärattaché, Colonel William Hohenthal, bei einem Dinner im Hause eines spanischen Freundes über Fragen von Krieg und Frieden sprechen konnte. Nach Johns Rückkehr konnte sich endlich auch Stauffenberg ein Bild von seinem außenpolitischen Emissär machen. John hat später in seinen Memoiren über das Zusammentreffen berichtet: »Wir sprachen über meine Verbindungen in Madrid und Lissabon und eine mögliche Fühlungnahme zwischen Louis Ferdinand und Roosevelt. Von dem preußischen Prinzen hatte der Württemberger Stauffenberg gar keine Vorstellung. Ich skizzierte ein Bild von ihm und seiner politischen Haltung. Wir wollten keine ›Pläne à la Goerdeler‹ machen, sagte Stauffenberg. Es gelte, zuallererst eine andere Situation zu schaffen. Er hatte damals noch nicht vor, dies eigenhändig mit einem Attentat auf Hitler zu tun. Aber er war entschlossen, den Sturz des Regimes in Gang zu bringen und durchzusetzen.«[86]

Stauffenberg setzte vor allem auf eine direkte Verbindung zu den alliierten Oberbefehlshabern Eisenhower und Montgomery, und dafür schien ihm Madrid der unverfänglichste Ort. John wurde von Stauffenberg erneut in die spanische Hauptstadt geschickt, wo sich der Lufthansamann dauerhaft im Hotel Ritz eingemietet hatte. Allerdings konnte John von dort ebensowenig Ermutigendes mitbringen wie von seinen Sondierungen in Lissabon. Der Kontakt zu Stauffenberg wurde jetzt immer enger, und John pendelte im ersten Halbjahr 1944 ständig zwischen Berlin und Madrid hin und her. Er scheint dabei die Hoffnung auf erfolgreiche Waffenstillstandsverhandlungen nach einem militärischen Umsturz bewusst genährt zu haben, auch wenn er, wie andere auch, der Auffassung war, dass Stockholm ein geeigneterer Platz für Friedenssondierungen sei, da von dort jederzeit auch die Russen angesprochen werden konnten.

Überbewertet sollte die Intensität der Beziehung indes nicht werden. Stauffenberg betrachtete John vor allem funktional: sein Interesse an John hing in erster Linie mit dessen dienstlicher Verwendung zusammen. Nur ein einziges Mal, bei einem Spaziergang im Dahlemer Schwarzen Grund, schenkte er John sein Vertrauen und gewährte ihm Einblick in seine innersten Überlegungen. Johns Bericht ist eindrucksvoll: »Stauffenberg trug an diesem Abend einen bei der Wehrmacht üblichen Umhang ohne Rangabzeichen. Er war immer lebendig, ohne sich zu ereifern, stetig wägend, wie es vom Gesprächspartner aufgenommen wurde. Wir wussten persönlich voneinander wenig, verstanden uns als Süddeutsche aber schnell. [...] Was ich denn, fragte Stauffenberg, nachdem ich unsere Feldmarschälle angegriffen hatte, an ihrer Stelle tun würde? Diese Frage sei zu akademisch,

sagte ich, weil ich niemals Offizier geworden wäre. [...]
Stauffenberg fragte mich weiter, ob ich den Anti-Christ von
Stefan George kenne? Bei diesem Thema konnten wir Ju-
genderinnerungen austauschen. Ich hatte den Dichter, wie er,
schon in meiner Schulzeit bewundert und hatte ihn einmal
[...] kennengelernt.« Es unterstreicht Stauffenbergs Begabung
zur Freundschaft, dass er schon bei der ersten tieferen Begegnung seinen Gesprächspartner an sich zu binden verstand
und zugleich über seine Verwendung in einem von Hitler
befreiten Deutschland nachdachte: »Was ich denn eigentlich
im ›neuen‹ Deutschland vorhätte?«, erinnerte sich John später,
sei er von Stauffenberg gefragt worden. Er meinte dabei ein
persönliches Interesse von Stauffenberg verspürt zu haben.
»Ich hatte keinerlei bestimmte Vorstellungen, wusste aber aus
der englischen und amerikanischen Presse, dass die Alliierten
die Lufthansa zerschlagen wollten, und sagte dies Stauffenberg mit der Bemerkung, dass ich als Anwalt im Chaos der
Nachkriegszeit sicherlich nicht ohne Arbeit dastände. Ob ich
mir gar nichts anderes vorstellen könnte, z. B. eine Aufgabe
bei der politischen Neuordnung? Ich machte mir keinerlei
Illusionen und sagte das auch ganz offen. Danach musste
Stauffenberg aufbrechen. Sein Fahrer wartete mit dem Wagen in einer dunklen Nebenstraße. Zum Abschied fragte er
mich: ›Warum sind Sie so pessimistisch? Das passt doch gar
nicht zu Ihnen? Darüber sprechen wir noch ein andermal!‹
Ich hatte das Gefühl, einen Freund gewonnen zu haben.«[87]

Madrid war für Stauffenberg indes nur eines von mehre-
ren Testgebieten, um mit Briten und Amerikanern ins Gespräch zu kommen. Sein Hauptaugenmerk war dabei nach
wie vor auf die Kontakte gerichtet, die über Schweizer Kanäle
zustande kamen. Dies war nicht zuletzt den Aktivitäten seines Freundes Adam von Trott geschuldet. Aber es hing auch
damit zusammen, dass es auf dieser Insel der Neutralität in

dem vom Krieg umtosten Europa eine echte Anlaufstelle für den Widerstand gab: Allen Welsh Dulles hatte seit November 1942 in der Herrengasse in Bern die europäische Residentur des amerikanischen Auslandsgeheimdienstes OSS eingerichtet, eine Art Horchposten und Kontaktbörse zugleich. Dulles und sein deutschstämmiger Mitarbeiter Gero von Schulze-Gaevernitz, Sohn eines berühmten Freiburger Nationalökonomen, unterhielten zu den in der Schweiz ansässigen deutschen Emigranten, den Vertretern des diplomatischen Corps, aber auch zu den Mitgliedern des Genfer Weltkirchenrates, einer regelmäßigen Anlaufstelle der deutschen Opposition, ein engmaschiges Verbindungsnetz. Auch mit den Schweizer Politikern und Militärs pflegten sie regelmäßigen Austausch. Dies befähigte sie, an Washingtoner Dienststellen ein klares Bild der sich formierenden Untergrundbewegung in Deutschland zu übermitteln. Dulles war ein Mann des gesunden Menschenverstandes und kein Freund der Forderung nach einer bedingungslosen Kapitulation. Er hätte gerne den deutschen Frondeuren ermutigendere Signale übermittelt, doch auch für ihn war die Formel »unconditional surrender« bindend.

Zu den regelmäßigen Zuträgern von Dulles zählten Hans Bernd Gisevius und Eduard Waetjen, zwei deutsche Auslandsbeamte, auf deren Dienste auch Stauffenberg zurückgriff. An Gisevius schieden sich die Geister. Der 1904 im Sauerland geborene Jurist war zunächst Referent im preußischen Innenministerium gewesen, dann für kurze Zeit auch persönlicher Referent des Reichsbankpräsidenten Hjalmar Schacht. Seit Sommer 1940 war er für das Amt Ausland/Abwehr, den »Canarisladen«, als Vertrauensmann in der Schweiz. Auf dem Papier wurde er als Vizekonsul am Zürcher Generalkonsulat geführt. Dort besaß er allerdings nicht einmal einen Schreibtisch, und die Zuordnung erfolgte nur, um ihm Diplomatenstatus für seine umfangreichen Reisetätigkeiten zu gewähren und seine Geheimdienstaufgaben besser schützen zu können. 1943 war Gisevius in Berlin ganz knapp seiner Verhaftung entgangen, als er sich nur durch rechtzeitige Abreise in die Schweiz seiner Festnahme im Zusammenhang mit der Aufdeckung der Verschwörung um Hans Oster entziehen konnte. Gisevius war eine schillernde Figur. Nach 1945 ließ er sich von den Amerikanern seine Widerstandstätigkeit zertifizieren, und er hat maßgeblich unser heutiges Bild über den Widerstand mitbestimmt. Er war am 20. Juli 1944 in Berlin, konnte sich anschließend dort verstecken und noch Mitte Januar 1945 mit Dulles' Hilfe und gefälschten Papieren heil in die Schweiz entkommen. Für Dulles war Gisevius eine unschätzbare Hilfe. Denn vermutlich besaß dieser das beste Netzwerk an Kontakten zum deutschen Widerstand und zu neutralen Mittelsmännern.

Die andere Schlüsselstellung bei Dulles hatte der Rechtsanwalt Eduard Waetjen inne, der Ende Januar 1944 seinen Dienst am Generalkonsulat Zürich im Auftrag des Amtes Ausland/Abwehr – nach außen hin ebenfalls als Vizekonsul – antrat. Waetjen, 1907 geboren, war ein Schwiegersohn des bekannten Berliner Archäologen und Orientalisten Friedrich Sarre, hatte 1934 das zweite Staatsexamen am Kammergericht in Berlin bestanden, sich anschließend als Rechtsanwalt in Berlin niedergelassen und 1938 zusätzlich die Geschäftsführung des Verbandes für Außenhandel in Hamburg und Berlin übernommen. Waetjen, der 1931 in die NSDAP eingetreten und nach den Potempa-Morden 1932 wieder ausgetreten war, war mit seinen außenpolitischen Sondierungsaufträgen vor allem für die Kreisauer und weniger für Stauffenberg aktiv.

Beide, Gisevius und Waetjen, verstanden es, durch ihre Berliner Kontakte zu den Männern um Stauffenberg einerseits und ihre Verbindung zu Dulles andererseits auf das Bild des deutschen Widerstands in Amerika Einfluss zu nehmen. Die meisten Berichte, die Allen Dulles unmittelbar vor und nach dem Attentat nach Washington telegrafierte, waren zuvor von Hans Bernd Gisevius zumindest gefiltert worden, wenn sie nicht gar auf dessen Einflüsterungen zurückgingen. Wenn Allen Dulles Anfang 1944 seine Sicht des deutschen Widerstands nach Washington übermittelte, so trug auch diese bereits die Handschrift von Gisevius. »Ich teilte darin mit«, schrieb Dulles, »dass es dreierlei Bestrebungen in der Verschwörung gäbe, nämlich eine militärische, eine revolutionäre und eine evolutionäre. Die Verfechter der ersten beiden waren der Ansicht, dass Hitler beseitigt werden müsse und eine neue Regierung gebildet werden solle, und zwar noch vor Einstellung der Feindseligkeiten. Die Verfechter der evolutionären Tendenzen waren nach dem Osten orientiert und vertraten die Ansicht, dass Hitler und seine Komplizen noch den bittern Kelch der Niederlage vor der Geschichte und dem deutschen Volke selber auskosten sollten. Ich fügte hinzu, dass die meisten der ›Brecher‹ für eine Orientierung nach dem Westen wären, grundlegende soziale Änderungen befürworteten und dass sie Befürchtungen hätten, eine weitere Entwicklung der Dinge könne Deutschland dem Osten in die Arme treiben.«[88]

Auch mehr als ein Memorandum von Adam von Trott hat Gisevius auf diese Weise redigiert. Dies hinderte ihn freilich nicht daran, Trott − und damit Stauffenberg − später eine »sozialrevolutionäre Ostorientierung«[89] vorzuwerfen. Wenn Gisevius Trott als »Tiefenttäuschten« schilderte, steckte dahinter auch der Versuch, Trotts politisches Urteilsvermögen herabzuwürdigen. Gisevius betrachtete Trott durchaus als Konkurrenten, und dies hat auch seinen Blick auf Stauffenberg getrübt. Nach 1945 hat Gisevius mit seinem publizistischen Wirken jedenfalls alles getan, um Stauffenbergs Ruf zu schmälern. Seine Behauptung, dieser habe im Kraftfeld Hitlers gestanden und sei lange Zeit ein glühender Anhänger der nationalsozialistischen Bewegung gewesen, kann Gisevius quellenmäßig nur durch Verweis auf die Mitteilungen Dritter stützen. Sein Versuch, Stauffenberg vorrangig als Politiker zu porträtieren, und seine Behauptung, Stauffenberg habe sich »in dieser großen Stunde des Wagnisses« nicht als Soldat verhalten, sagen viel über Gisevius' Selbsteinschätzung aus und haben noch mehr mit den Differenzen innerhalb der Widerstandsbewegung, insbesondere zwischen Stauffenberg und Goerdeler, zu tun, für den Gisevius bereits vor Kriegsausbruch gute Dienste geleistet hatte.

Der Gegensatz zwischen Goerdeler und Stauffenberg war in der Tat nicht nur eine Frage unterschiedlicher Vorgehensweisen, es trafen hier auch zwei unterschiedliche Mentalitäten aufeinander. Der an der deutschen Botschaft beim Heiligen Stuhl postierte Diplomat Albrecht von Kessel, lange Zeit enger Mitarbeiter des Staatssekretärs Ernst von Weizsäcker im Auswärtigen Amt und mit etlichen der Kreisauer freundschaftlich verbunden, nahm Anfang 1944 an einer Aussprache Stauffenbergs mit Goerdeler über das weitere Vorgehen im deutschen Widerstand teil und beschrieb diesen Gegensatz lebendig: hie Goerdeler mit »hohe[r] Gestalt, sein[em] Mut und seine[r] Überzeugungskraft«, der »mit wehendem Mantel, Schlapphut und Knotenstock wie ein […] Wanderprediger durchs Land« zog und viel zu laut redete, »schwarzweißrot und monarchistisch«, da der schwer kriegsversehrte, jugendliche Stauffenberg, »mit seinem kraftvoll-ebenmäßigen Gesicht, dem dunklen Haar und dem hohen Wuchs wie ein antiker Kriegsgott«. Auch auf Kessel verfehlte Stauffenberg seine Wirkung nicht: »Noch eindrucksvoller aber war seine geistige Ausstrahlung. Ich hatte aufgrund seiner Zugehörigkeit zum George-Kreis einen musisch-romantischen

Krieger erwartet. Doch war mir nach wenigen Minuten klar, eine von der Natur zum charismatischen Politiker bestimmte Persönlichkeit vor mir zu haben, der wie selbstverständlich die Leitung des Gesprächs zufiel. Er entwickelte knapp und nüchtern seine Thesen und wirkte dabei so überzeugend, dass es Goerdeler nicht in den Sinn kam, etwaige Vorbehalte anzumelden.« Dabei waren die Vorstellungen der beiden, gerade wenn außenpolitische Fragen berührt wurden, ausgesprochen unterschiedlich. Goerdeler klammerte sich an den Strohhalm von Sonderfriedensverhandlungen und wollte so viel wie möglich vom territorialen Kernbestand des Deutschen Reiches retten. Stauffenberg, ebenfalls von patriotischen Motiven geleitet, war zwar in seiner Grundbetrachtung konservativ. Auch er suchte das Gespräch mit dem Gegner, setzte dabei indes weniger auf klassische Diplomatie. Er wusste, dass die meisten Sondierungen im Unverbindlichen stecken bleiben mussten, weil die Verhandlungsführer über kein Mandat verfügten. Seine Strategie war es deshalb, möglichst über Kontakte zu den alliierten Oberbefehlshabern zumindest eine persönliche Vertrauensbasis herzustellen, gewissermaßen von Heerführer zu Heerführer, auf der dann nach einem erfolgreichen Umsturz rasch hätte aufgebaut werden können.

Mit dieser unterschiedlichen Herangehensweise an außenpolitische Fragen hatte es auch zu tun, dass sich Anfang 1944 zwischen Trott und Stauffenberg die Auseinandersetzungen um den richtigen Kurs verstärkten. Dies änderte jedoch nichts an der immer engeren Verbindung der beiden, im Gegenteil. Im April 1944 reiste Trott ein weiteres Mal in die Schweiz, wo er auch mit Dulles' Vertrauensmann Gaevernitz zusammenkam. Wenn er dabei gegenüber Gaevernitz das sich verschlechternde Klima bei den Verschwörern schilderte, so erfolgte dies durchaus im Zusammenwirken mit Stauffenberg. Dem ungeduldigen Naturell des späteren Attentäters behagte das hinhaltende und den Gesprächspartner bewusst im Vagen lassende Verhalten der Westmächte, die fehlende Ermutigung und die wenig fassbaren Resultate seiner verschiedenen Sondierungen bei den Westmächten wenig. Erst im Januar hatte Stauffenbergs Bruder Berthold am Rande einer Dienstreise nach Stockholm vergebens einen dienstlichen Kontakt zu dem Industriellen Jacob Wallenberg zu knüpfen versucht.

Hatte er aufs falsche Pferd gesetzt? Waren Briten und Amerikaner historisch so unsensibel, so siegesgewiss, dass sie meinten, auf eine innerdeutsche Erhebung gegen Hitler verzichten zu können? Hatten Trott und der frühere deutsche Botschafter in Moskau, Friedrich-Werner von der Schulenburg, vielleicht doch Recht, wenn sie dafür plädierten, zumindest die Möglichkeit eines Zusammengehens mit der Sowjetunion auszuloten? Was Trott Gaevernitz zu berichten wusste, war auch als mahnende Aufforderung zu einer vorausschauenden Nachkriegsplanung auf Seiten der Amerikaner zu verstehen. Von Russland, so Trott, kämen dauernd konstruktive Pläne und Äußerungen. Dem hätten die Anglo-Amerikaner nichts Gleichwertiges entgegenzusetzen. Es drohe die Gefahr, die Zustimmung der Arbeiterschaft und der extremen Linken für die Gemeinschaftsaufgabe der Nachkriegsordnung zu verlieren.

Friedrich-Werner von der Schulenburg baute auf die Manövrierfähigkeit des Realpolitikers Stalin, dessen Misstrauen gegenüber den ungleichen Verbündeten Churchill und Roosevelt in dem Maße stieg, wie die alliierte Landung in Europa immer wieder hinausgeschoben wurde und für die Sowjetunion die Gefahr einer zweiten Front auf dem Balkan mit einem »cordon sanitaire« durch Ostmitteleuropa entstand. Stalin hatte selbst nach dem Angriff auf die Sowjetunion immer wieder die deutsche Karte gespielt, etwa durch die Gründung des »Bundes Deutscher Offiziere« (BDO), einer Vereinigung deutscher Offiziere in sowjetischer Kriegsgefangenschaft, im Oktober 1943. Die Idee eines deutsch-russischen Brückenschlages war eine außenpolitische Option, auch wenn sie der Grundorientierung der Verschwörer um Stauffenberg widersprach. Denn vor allem argumentierten die Verschwörer in ihren Denkschriften und Geheimbegegnungen gerne mit der Gefahr der Nationalbolschewisierung Deutschlands bei einem weiteren Vorrücken der Sowjetunion. »Das Gespenst des Kommunismus« wurde häufig bemüht, die Wahl zwischen Ost und West zur Richtungsentscheidung stilisiert. Der Kommunismus verfügte, auch aufgrund der Erinnerung an die Zusammenbruchssituation 1918/19 mit Räterepubliken und dem permanenten Belagerungszustand während der Weimarer Zeit, insbesondere bei den Älteren unter den Verschwörern über keine Sympathisanten. Doch es gab unter den weltkriegserfahrenen älteren Offizieren auch die Erinnerung an die aus deutscher Sicht großzügigen Waffenstillstandsbedingungen des Sonderfriedens von Brest-Litowsk, es gab einen verklärenden Blick auf die russische Seele, und es gab die Erinnerung an die Konvention von Tauroggen (1812) und den Vertrag von Rapallo (1922).

Im Juni 1944, bei einem der Treffen mit Goerdeler, hatte Stauffenberg gegenüber seinem Begleiter Albrecht von Kessel das Gespräch auf die territorialen Rahmenbedingungen nach einem erfolgreichen Staatsstreich und einem anschließenden Waffenstillstand gebracht. »Da der entscheidende Punkt unseres außenpolitischen Programms die sofortige Räumung der besetzten Gebiete ist – wozu, wie ich hinzufügen möchte, selbstverständlich Elsass-Lothringen gehört, während im Korridor [dem nach dem Ersten Weltkrieg Polen zugeschlagenen Landstreifen, der Ostpreußen vom Deutschen

Reich abtrennte, U.S.] Ostoberschlesien und Österreich nach mehrheitlicher Auffassung Volksabstimmungen stattfinden sollten –, müssten wir darauf bedacht sein«, führte Stauffenberg aus, »dass diese Räumung in ordnungsgemäßer Form erfolgen würde.« Stauffenberg wollte vor allem vermeiden, dass die deutschen Truppen bei einem Rückzug von Partisanen überfallen würden oder das geräumte Gebiet der Anarchie oder einer gewaltsamen kommunistischen Machtergreifung anheimfallen könnte. Es entsprach Stauffenbergs immer auf den Kern zusteuernder, extrem sachorientierter Vorgehensweise, dass er von Kessel mehr als eine bloße Analyse erwartete: Er wollte konkrete Lösungsvorschläge hören. Kessels abgestufter Ansatz, sich jeweils die lokalen Besonderheiten zunutze zu machen und die nationalen Autoritäten vor Ort in die Pflicht zu nehmen – in Italien den Papst, in Frankreich die Vertreter de Gaulles – fand Stauffenbergs Zustimmung. Sein Geist war in ständiger Bewegung, sein ganzes Sinnen und Trachten auf den Umsturz gerichtet. Beständig war er dabei, neue Parteigänger zu rekrutieren und in das Personaltableau für die Zeit danach einzupassen. So ist sein Albrecht von Kessel hingeworfener Satz zu verstehen: »Wenn es so weit ist, schicke ich Ihnen eine Sondermaschine nach Rom.«[90]

Am 6. Juni 1944 gelang die Invasion der Alliierten in der Normandie. Die zweite Front war damit Wirklichkeit geworden. Seit Frühjahr 1944 waren die deutschen Kräfte im Westen im fortdauernden Rückzug. Bereits am 4. März hatte eine Großoffensive der Roten Armee im Süden der Ostfront mit dem Vorstoß bis zu den Karpaten zu einer Aufsplitterung der deutschen Kräfte geführt, im Mai hatten die Alliierten ihre Luftangriffe auf die Werke zur synthetischen Treibstoffherstellung eröffnet und zugleich eine Großoffensive in Italien begonnen, die am 4. Juni den Verlust von Rom brachte und erst auf der Linie Pisa – Florenz – Rimini vorübergehend angehalten werden konnte. Selbst Goerdeler waren in dieser nahezu aussichtslosen Gesamtlage Zweifel an der Durchsetzbarkeit seiner außenpolitischen Zielvorstellungen gekommen. Konnte es bei einer militärisch derart hoffnungslosen Situation überhaupt noch zu Verhandlungen kommen? Und wenn ja, dann waren diese doch kaum mehr von Gleich zu Gleich zu führen? Auch Stauffenberg konnte sich nun nicht mehr der Erkenntnis verschließen, dass sich der Kampf der Alliierten nicht allein gegen Hitler richtete, sondern gegen das gesamte Deutschland. Mitte Juni traf er sich mit Trott, der unmittelbar vor der Abreise zu Gesprächen nach Stockholm stand, und den er mit der entscheidenden Frage bedrängte: »Ich muss wissen, wie sich England und die USA benehmen, wenn Deutschland zur Aufnahme kurzfristiger Verhandlungen genötigt sein sollte.«[91] Ebenso wie Trott knüpfte er große Erwartungen an die geheimen Gespräche im neutralen Schweden. Waren die Briten und Amerikaner etwa doch bereit, Trott die angestrebte außenpolitische Absicherung zu gewähren? Hatten die Spannungen zwischen den Alliierten zu einem Kurswechsel geführt? Aber auch dieses Treffen endete mit einer Enttäuschung. Wieder einmal zeigte sich, dass die Westalliierten in erster Linie daran interessiert waren, die deutschen Sendboten abzuschöpfen. Trott wurde die so dringend benötigte Unterstützung versagt. Stattdessen musste er mit einem Geheimdienstmitarbeiter vorliebnehmen. Er konnte lediglich ein außenpolitisches Memorandum übergeben und die weit fortgeschrittenen Vorbereitungen für eine Erhebung in Deutschland ankündigen, allerdings ohne Namen zu nennen – dies hatte bereits kurz zuvor Gisevius im Auftrag Goerdelers besorgt. Die bewussten Fehleinschätzungen des britischen Außenministeriums, das keine Unterscheidung zwischen Nazis und »guten Deutschen« zulassen wollte, brachten die deutschen Verschwörer gegen Hitler um die auch in den eigenen Reihen so dringend benötigte außenpolitische Legitimation. Aus britischer Sicht bestand keine Priorität, mit Hilfe der innerdeutschen Opposition den Krieg früher zu beenden. Die Auslöschung der deutschen militärischen Tradition hatte für Whitehall und das Foreign Office Vorrang. Und auch Präsident Roosevelt ließ sich nach langem Zaudern nicht dazu bewegen, die von den deutschen Hitler-Gegnern so nachdrücklich erbetene Proklamation an das »andere Deutschland« zu formulieren.

Stockholm galt im Sommer 1944 als interessanter Ort voller geheimnisumwitterter Möglichkeiten. Hatte Trott von Stauffenberg für Stockholm den Auftrag, sich um 180 Grad zu wenden und mit den Russen zu sprechen? Die äußeren Umstände der Reise sprechen immerhin dafür, dass es sich um mehr als eine taktische Variante gehandelt haben muss. Letzte Klarheit ist darüber aber wohl nicht zu erlangen. Immerhin scheint Trott aus Stockholm mit dem Eindruck abgereist zu sein, dass Stalin einer geeigneten deutschen Regierung vielleicht eine Chance geben würde. Stauffenberg stimmte unter dem Eindruck von Trotts Stockholmer Bericht jedenfalls am 15. Juli ausdrücklich zu, dass Friedrich-Werner von der Schulenburg – und nicht mehr der für seine guten Verbindungen zu Briten und Amerikanern bekannte Diplomat Ulrich von Hassell, einst Botschafter in Rom und offener Gegner von Ribbentrops Kurs der ideologischen Blockbildung – als Außenminister nominiert werden sollte. Die sowjetische Botschafterin in Stockholm, Alexandra Kollontaj, und ihr zweiter Mann, der Gesandte Wladimir Semjonow, pflegten zur gleichen Zeit, im Juni und Juli 1944, mit dem deutschen Diplomaten Bruno Peter Kleist einen engen Austausch. Kleist, ein literarisch interessierter und umgänglicher Mann, der ebenfalls zur Stefan-George-Gemeinde gehörte und auch im Dienst immer Amulett und Silberkette der Georgianer trug, hatte von Außenminister Ribbentrop den 1944 nicht mehr erfüllbaren Auftrag erhalten, die Chancen für einen deutsch-sowjetischen Sonderfrieden auszuloten.[92] Zudem hatte Trott nach seiner Rückkehr aus Stockholm ein Pamphlet des prosowjetischen Nationalkomitees Freies Deutschland an Stauffenberg übergeben, ein Detail, das durchaus von politischer Symbolik war – auch wenn man es nicht unbedingt für bare Münze nehmen darf, wenn Gisevius im Januar 1945 nach seiner Rückkehr in die Schweiz Dulles anvertraute, Stauffenberg hätte von Frau Kollontaj Zusicherungen für einen fairen Frieden und den Verzicht auf vollständige Entwaffnung der Wehrmacht zugesichert bekommen.[93]

Anfang Juli spitzte sich die Lage für die deutschen Widerstandskreise dramatisch zu. Durch Trott hatte Stauffenberg am 6. Juli von der Verhaftung der Mitverschwörer Julius Leber und Georg Reichwein erfahren. Später, bei den Verhören durch die Gestapo, sollte Trott behaupten, Stauffenberg habe »außenpolitisch ins Nichts«[94] gehandelt. Die Vielzahl der Aktivitäten, die Stauffenberg gerade in den Monaten vor dem Attentat entfaltete, belegt, wie sehr er sich seines außenpolitischen Dilemmas bewusst war. Am 19. Juni war Otto John erneut nach Madrid geflogen und konnte immerhin die Zusage erwirken, dass seine Mitteilungen direkt an Eisenhower übermittelt würden, und auch über einen anderen Madrider Kanal hatte Stauffenberg für den Eventualfall einen unmittelbaren Zugang zu alliierten Stellen sichergestellt.[95] John hatte bei seinen Kontakten mit Angehörigen des amerikanischen Attachéstabes beredt auf eine aktive Unterstützung der zum Staatsstreich entschlossenen Offiziere gedrängt: »Das Hitler-Regime wird nie kapitulieren«, schrieb er in seinem Bericht vom 26. Juni 1944, »aber eine Beseitigung des Systems und eine schnelle Liquidation des Krieges kann von der Opposition vorbereitet und gemeinsam mit den Alliierten durchgeführt werden, wenn die Bedingungen und der Modus procedendi gemeinsam klargestellt werden.«[96] In dieser Schlussphase vor dem Attentat – auch Dulles war durch seinen Zuträger Gisevius in der Lage, Washington unmittelbar vor dem entscheidenden Schlag präzise Hinweise zu geben – setzte Stauffenberg offenkundig alles daran, auf den von ihm seit jeher bevorzugten Kanälen – über die britischen und amerikanischen Heerführer – Signale auszusenden.

Nach innen bemühte er sich nach Kräften um eine möglichst breite Basis durch das gezielte Ansprechen von herausragenden Militärs. Er wusste, dass der Aufstand nur gelingen konnte, wenn er über Rückhalt in der Generalität verfügte. Nicht zuletzt war dies auch mit Blick auf die künftige Haltung des Auslands entscheidend. Seine Hoffnungen ruhten dabei auch auf dem populärsten deutschen Soldaten im Zweiten Weltkrieg, der bis dahin nicht durch Sympathien für den Widerstand gegen Hitler oder gar durch widerständiges Handeln aufgefallen war: Generalfeldmarschall Erwin Rommel. Der »Wüstenfuchs«, der von der alliierten Invasion am D-Day überrascht worden war – er hatte sich an den entscheidenden Tagen von der Front nach Hause begeben, um mit seiner Frau Geburtstag zu feiern –, war angesichts der veränderten militärischen Lage zu der Einsicht gelangt, dass der Kampf im Westen nicht mehr zu gewinnen sei. Zwar spekulierte Rommel wie nicht wenige seiner Zeitgenossen darauf, dass die Allianz zwischen den Westalliierten und der Sowjetunion eines Tages an ihren Gegensätzen zerbrechen werde. Freilich, konkrete Anzeichen hatte er dafür keine, und bislang hatte sich der Nur-Soldat Rommel aus politischen Fragen herausgehalten. Doch jetzt, vor dem 20. Juli, schien er sich in Richtung Widerstand zu öffnen. Am 17.

Juli wurde er jedoch während einer Inspektionsreise schwer verwundet, so dass ihm eine echte Entscheidung, sich dem Kampf der Opposition anzuschließen oder nicht, abgenommen wurde.

Über seinen Vetter, Oberstleutnant Cäsar von Hofacker, hatte Stauffenberg am 9. Juli 1944 in La Roche-Guyon sondieren lassen, ob Rommel für den Widerstand zu gewinnen wäre. Hofacker war überhaupt für Stauffenberg in dieser letzten Phase vor Staatsstreich und Attentat eine Schlüsselpersönlichkeit, »ein ausgesprochen politischer Kopf, eine schwungvolle Persönlichkeit mit seltener Überzeugungskraft der Rede,« so hatte ihn Rommels Stabschef, General Speidel, charakterisiert.[97] Hofacker war ein überzeugter, mutiger Hitlergegner, der alles daran setzte, dem Putsch zum Gelingen zu verhelfen. Hofacker, ein historisch geschulter Beobachter, war bereits im Jahr 1942 zu der Auffassung gelangt, dass eine siegreiche Beendigung des Krieges unmöglich geworden sei. Auf zahlreichen Dienstreisen, die er im Auftrag General Stülpnagels unternahm, war er mit den Berliner Verschwörern, u. a. Generaloberst a. D. Ludwig Beck und Fritz-Dietlof von der Schulenburg, zusammengekommen. Gegenüber dem Chef der Militärverwaltung in Paris, Elmar Michel, hatte er Ende 1944 in großer Offenheit für einen sofortigen Waffenstillstand und dafür plädiert, man solle sich mit dem Gedanken vertraut machen, mit Gewalt einen Regierungswechsel herbeizuführen.[98] Bereits zwei Tage später konnte sich Stauffenberg in Berlin von Hofacker über die Ergebnisse von dessen Erkundung unterrichten lassen. Kurz darauf, am 16. Juli 1944, hatte Hofacker Gelegenheit, in Stauffenbergs Wohnung in Nikolassee im kleinen Kreis mit Trott, Yorck, Schwerin, Hansen, Mertz und Schulenburg seine Einschätzung der Lage vorzutragen und die Möglichkeiten der Beendigung des Krieges zu diskutieren. Hofackers Prognose, die

Westfront werde in spätestens sechs Wochen durchbrochen sein, veranlasste Stauffenberg zu der Einschätzung, er werde auf die Entscheidungen der deutschen Heerführer im Westen Einfluss nehmen können. Hatten neben Rommel nicht auch General von Stülpnagel und Generalfeldmarschall von Kluge signalisiert, sie würden sich für einen separaten Friedensschluss einsetzen? Neben dieser von den Verschwörern sogenannten »Westlösung« wurden an jenem Abend aber auch die »Berliner Lösung« – gemeint war die Durchsetzung des Befehls zur sofortigen Zurücknahme der Front – und die mit der gewaltsamen Beseitigung Hitlers und dem Staatsstreich verbundene »zentrale Lösung« diskutiert.[99] Am Ende der Besprechung stand der Entschluss fest. Er lautete: »zentrale Lösung«.

Das Äußerste wagen
Vor Staatsstreich und Attentat

(1943/44)

Von der Distanz zum Regime über den offenen Gegensatz zum aktiven Aufstand ist es ein weiter Weg. Dies trifft auf die an gescheiterten Umsturzversuchen und enttäuschten Hoffnungen reiche Geschichte des Kampfs der deutschen Opposition gegen Hitler insgesamt zu, und erst recht gilt dies für die persönliche Geschichte des Einzelnen. Ende 1943 war es so weit, dass sich Stauffenberg, der so oft andere, höherrangige Offiziere zur Tat gedrängt hatte, dazu durchgerungen hatte, selbst zu handeln. Es waren die eigenen Erfahrungen an der Afrikafront, die Verwundung, die ihn der Todesnähe ausgesetzt hatte, dann die zahlreichen Gespräche in der Rekonvaleszenz, schließlich, wie ein Wunder, die zügige Genesung und die Gewöhnung an den Umgang mit den Beeinträchtigungen der schweren Verstümmelung, die ihn dazu gebracht hatten: Stauffenbergs Leben war 1943 von einer ganzen Reihe von einschneidenden Ereignissen gezeichnet. Auf seinen alten Kameraden aus dem »Mauerwald«, Peter Sauerbruch, wirkte er im Sommer 1943 wie ausgewechselt: »Der Stauffenberg, der mir jetzt gegenübertrat [...], war durch schwere Verwundungen äußerlich verändert. Seine Niedergeschlagenheit vom Frühjahr aber hatte er überwunden, sein Wille war ungebeugt, sein klarer Verstand, der unerbittlich gegen sich und andere die Dinge stets zu Ende dachte, funktionierte wie früher.«[100]

Woraus bezog Stauffenberg seine schier übermenschliche Kraft? Da war sein christlicher Glauben und die Achtung vor dem Menschen als Gottes Schöpfung. Seine Familie, allen voran seine Ehefrau Nina, bemerkten die Veränderungen, die sich bei ihm vollzogen hatten. Schon 1939 hatte sie ihm auf den Kopf zugesagt: »Spielst du Verschwörerles?«[101] Sie kannte ihn am besten, und sie wusste bald, dass sein im Lazarett in München gesprochenes Wort, er müsse jetzt Deutschland retten, keinem Fiebertraum entsprungen war. Stauffenberg hatte genügend Erfahrungen gesammelt und Einsichten in die fatalen Konsequenzen von Hitlers Kriegskurs gewonnen, um zum Äußersten entschlossen zu sein. Er suchte nach einem Ausweg aus der Verstrickung, weil er wusste, welch schweren Zeiten sein Land entgegenging. Er dachte als Offizier und Patriot, auch wenn es für ihn kein Damaskus-Erlebnis gab, das er für seine Bekehrung hätte anführen können, wie dies etwa bei seinem Gefährten im Kampf gegen Hitler, Axel Freiherr von dem Bussche-Streithorst, der Fall war. Bussche hatte als Regimentsadjutant seiner Einheit, die als Besatzungstruppe in der Sowjetunion stationiert war, Anfang Oktober 1942 einen Schock erlitten, als er auf dem Flugplatz im ukrainischen Dubno zusehen musste, wie Tausende Juden von SS-Kommandos durch Genickschuss umgebracht wurden. Und bereits zwei Jahre zuvor, am 9. November 1940, war Bussche Zeuge entsetzlicher Judenpogrome geworden: »In den Unterhaltungen hierüber wurde klar, dass man schießen müsse, um diesen Methoden Einhalt zu gebieten. Nur der bewaffnete Aufstand – so wurde es deutlich – werde eine Änderung, nur die gewaltsame Ausschaltung des allein befehlenden Mannes die heilsame Wandlung herbeiführen können.«[102]

Für Stauffenbergs Entschluss genügte als Rechtfertigung der Gedanke an die unzähligen Opfer unter den deutschen Soldaten, »die völlige Zerstörung der Lebensbedingungen und ein grausames Hinmorden am Kampfe unbeteiligter Menschen«, wie er einem Kameraden anvertraute: »Wer würde als sehender und wissender militärischer Führer den Angehörigen völlig sinnlos geopferter Menschen noch ins Auge sehen können?«[103] Er dachte und fühlte als Offizier. Noch im Krankenhaus hatte er zu seinem Onkel Nikolaus von Üxküll voller Ungeduld und Enttäuschung gesagt: »Nachdem die Generale bisher nichts erreicht haben, müssen sich nun die Obersten einschalten.«[104] Stauffenberg wusste, dass der Staatsstreich das Attentat bedingte. Goerdelers Hoffnung auf ein einvernehmliches Arrangement mit Hitler – eine Art Abdankung, die dem Diktator ein Leben im Ruhestand ermöglichen sollte, um für Deutschland möglichst günstige Friedensbedingungen herauszuhandeln – hielt er zu Recht für illusorisch. Und es wäre ihm nie in den Sinn gekommen, wie es der preußische Finanzminister Johannes Popitz erfolglos in einer Unterredung am 26. August 1943 versucht hatte, den Reichsführer-SS, Heinrich Himmler, für die Ziele der Widerstandsbewegung zu gewinnen und dessen SS dazu zu bewegen, Hitler in einer Art Palastrevolution schachmatt zu setzen. Stauffenbergs politisches Denken folgte soldatischen Kategorien. Für ihn bestand nie ein Zweifel daran, dass es darum gehen musste, Hitler zu töten und nach Möglichkeit gleichzeitig Göring und Himmler zu beseitigen. Diese hohe Messlatte hatte ihn davon abgehalten, das Attentat bereits zu einem früheren Zeitpunkt durchzuführen. Denn zwei Versuche scheiterten genau daran, dass Göring und Himmler nicht zugegen waren. Doch im Grundansatz war die angestrebte »Doppellösung« – Hitler und Himmler zugleich zu liquidieren – folgerichtig. Zu sehr standen Stauffenberg und vor allem die Älteren im Offizierskorps unter dem Eindruck der verhängnisvollen Hypothek der Dolchstoßlegende, die die Weimarer Republik von Anfang an belastet hatte. Stauffenberg wusste, dass eine halbe Lösung nur die Gefahr eines Bürgerkriegs heraufbeschwören würde.

Die Vielzahl von Aktivitäten, die Stauffenberg um die Jahreswende 1943/44 unternahm, war ganz der Vorbereitung von Staatsstreich und Attentat geschuldet. Dies brachte ihn nun auch immer enger mit den zivilen Kräften der Konspiration in Verbindung. Über Beck und Schulenburg war er bereits 1942 mit Goerdeler, Hassell und Popitz in Kontakt gekommen. Zunehmend geriet Stauffenberberg jetzt mit dem ehemaligen Leipziger Oberbürgermeister Goerdeler aneinander, der als eine Art Wanderprediger in Sachen Opposition landauf, landab in nimmermüdem Einsatz hohe Militärs und zivile Würdenträger in offener Ansprache für die Ziele der Opposition gegen Hitler einzuspannen versuchte. Neben der außenpolitischen Lagebeurteilung waren die beiden vor allem über die Notwendigkeit eines Attentats uneins, die Goerdeler in seinem politischen Illusionismus vehement bestritt. Hinter diesen Kontroversen verbargen sich letztlich politische Spannungen: zwischen Militärs und zivilen Mitgliedern, aber auch zwischen den unterschiedlichen zivilen Gruppierungen des Widerstands, zwischen den älteren Honoratioren und den Jüngeren. Die Konfliktlinien verliefen gewiss nicht trennscharf zwischen Soldaten und Zivilisten oder zwischen Jung und Alt, und erst recht folgten sie nicht den politischen Schattierungen von links und rechts. Sie waren vielmehr Ausdruck des Ringens zwischen Einzelpersönlichkeiten, die in mehr oder weniger engem Kontakt und ohne Organisationsstruktur, aber auf vielfache Weise einander freundschaftlich verbunden, das Ende der Hitlerdiktatur planten. Es ist bezeichnend für Stauffenbergs Begabung als Vermittler, dass er nach allen Seiten Verbindung hielt. Und auch zu den Kreisauern wird nun sein anfangs loser Kontakt enger. Es war ein bunter Kreis vornehmlich jüngerer Leute, der auf Helmuth James von Moltkes schlesischem Gut zusammenkam: die Diplomaten Hans Bernd von Haeften und

Adam von Trott gehörten ebenso dazu wie die Jesuitenpatres Delp und König, der evangelische Theologe Eugen Gerstenmaier oder der Arbeiterführer Julius Leber. Offiziere waren keine darunter. Aus der späteren Sicht des menschenverachtenden Regimes bestand ihr Verbrechen darin, dass sie über die geistigen, politischen und gesellschaftlichen Grundlagen Deutschlands nach Hitler nachgedacht hatten und dass sie, auch nach Kriegsausbruch, die Verbindung zur freien Welt, zu Briten und Amerikanern, gesucht hatten. Für alles, ob Außenpolitik, Sozialpolitik, Gesetzgebungsverfahren oder Verwaltungsreform, hatten sie präzise Vorstellungen entwickelt. Ein gewisser Abstand zwischen Stauffenberg und den Kreisauern allerdings bestand immer. Dies lag nicht nur an der Natur der Kreisauer Zusammenkünfte, sondern auch am unterschiedlichen Naturell Stauffenbergs und Moltkes. In den Briefen Moltkes an seine Frau Freya taucht Stauffenberg insgesamt nur zweimal auf, und zwar immer im Zusammenhang mit Bemerkungen zu seinem Bruder Berthold, dem Völkerrechtler, mit dem Helmuth James von Moltke, ebenfalls Völkerrechtler und als »Sonderführer« dem Oberkommando der Wehrmacht zugeteilt, dienstliche Anknüpfungspunkte hatte. Im Sommer 1943 schrieb Moltke über die erstaunlich rasche Genesung des Stauffenberg-Bruders, und Silvester 1943 folgte die Mitteilung an Freya: »Gestern Abend war der ältere Bruder Stauffenberg da [gemeint ist Claus, U. S.]. Ein guter Mann, besser als mein Stauffi, männlicher und mit mehr Charakter.«[105] Es muss Spekulation bleiben, inwieweit dies der Beginn einer noch engeren Verbindung zwischen Stauffenberg und den Kreisauern hätte sein können. Immerhin gab es mit Yorck, Trott oder Gerstenmaier geeignete Persönlichkeiten, die den Brückenschlag hätten vollziehen können. Doch im Januar 1944 wurde Helmuth James von Moltke überraschend von der Gestapo verhaftet, ein empfindlicher Schlag für das

Wirken der Kreisauer und des deutschen Widerstands insgesamt. Aus der Geschichte des deutschen Widerstands gegen Hitler sind beide Gruppen, die Kreisauer und der militärische Widerstand um Stauffenberg, nicht wegzudenken, doch sie stehen nicht nur für unterschiedliche Ansätze und Grundrichtungen, sondern auch für zwei im Grunde zeitversetzte Phasen im deutschen Widerstand.

Immer wieder ist jenes »falsch und zu spät«[106] als Verdikt über Stauffenberg und den Staatsstreichversuch vom 20. Juli gesprochen worden. Erst jüngst wurde wieder der Vorwurf erhoben, der militärische Widerstand gegen Hitler sei ein Phänomen der sich abzeichnenden Niederlage gewesen, weil die Offiziere um Stauffenberg sich erst zum Handeln entschlossen hätten, als die Aussichten auf einen siegreichen Ausgang des Krieges dahingeschwunden waren. Diese Anschuldigungen greifen ebenso ins Leere wie der Vorwurf, es habe sich um eine reaktionäre Adelsclique gehandelt.[107] Sie verkennen vollständig, dass die Motive für die Erhebung gegen Hitler in erster Linie moralische waren, die nicht nur an die Einsicht in die verbrecherische Natur des nationalsozialistischen Regimes gebunden waren, sondern zumeist auch in einem längeren inneren Ringen gereift waren. Und natürlich bot die Zeit der deutschen Siege denkbar ungünstige Rahmenbedingungen für ein Vorgehen gegen die nationalsozialistische Führung. Dies erklärt, warum der deutsche Widerstand erst wieder Ende 1942 in seiner Kraft an den Herbst 1938 anknüpfen konnte und weshalb der Handlungsspielraum der deutschen Opposition nach den Umsturzplänen im ersten Kriegswinter 1939/40 zunächst stark eingeschränkt war. Denn der moralische Zwiespalt, in dem sich ein Offizier befand, der sich mit dem Gedanken trug, mitten im Krieg einen Anschlag auf seinen Oberbefehlshaber zu verüben, berührte das Grundgefüge soldatischen Dienens. Im Kern ging es um Gehorsam, Verantwortung und Gewissen. Die Gehorsamspflicht des Soldaten gründet auf der in allen Nationen verbreiteten Überzeugung, dass der einzelne Soldat als bloßes Instrument der politischen und militärischen Führung zu betrachten sei. Die für die Neuvereidigung der Reichswehr nach dem Tod Hindenburgs im August 1934 verfügte Eidesformel, in der »Volk und Vaterland« als Bezugspunkt getilgt und durch die Person Adolf Hitlers ersetzt worden waren, wurde von der nationalsozialistischen Propaganda als Verpflichtung zum unbedingten Gehorsam ausgelegt, und tatsächlich stellte sie den Versuch dar, die Bindung an übergesetzliche Normen und Werte aufzuheben. Doch diese Auffassung entsprach zu keiner Zeit dem Verständnis preußisch-deutscher Militärtradition. Zwar mag die Unbedingtheit des Eides noch auf die Zeit der Landsknechte zurückgehen, um die Söldner an die Oberbefehlshaber zu binden, doch selbst der Sachsenspiegel kennt im Verhältnis zwischen Lehnsherrn und Lehnsmann ein Recht auf Widerstand. Handelte der König rechtswidrig, verlor er den Anspruch auf Gehorsam. Und von August Neidhardt von Gneisenau über Ernst Moritz Arndt bis zu den Göttinger Sieben zählte das Aufbegehren gegen Willkür und Unterdrückung im 19. Jahrhundert zu den Wesenselementen des Ringens um »Einheit in Freiheit«. Die Literatur, auch jenseits von Shakespeare und Schiller, ist reich an Lektionen zum Tyrannenmord. Selbst dem Soldateneid auf Adolf Hitler waren also Grenzen gesetzt. Die Bekenntnisnote der evangelischen Kirche der altpreußischen Union vom 5. März 1935 hatte zuvor diese Grenze ausdrücklich gezogen: »Jeder Eid ist vor Gottes Angesicht geleistet und stellt die in ihm genommene Verpflichtung unter die Verantwortung vor Gott. Der Eid findet seine Grenze darin, dass allein Gottes Wort unbedingt bindet.« Genau diese Grenze wurde von den Nationalsozialisten überschritten. Axel von dem Bussche hat unmittelbar nach dem Krieg treffend darauf hingewiesen, dass eines der maßgeblichen Motive für die Tat vom 20. Juli 1944 gewesen sei, der um sich greifenden Unmenschlichkeit Einhalt zu gebieten. Doch auch er wusste, dass »ein Großteil der Treue gegenüber dem obersten Kriegsherrn ›bona fide‹ geleistet worden [ist]«.[108] Schuld ist in diesen Fällen nicht die richtige Kategorie. Dem Großteil der Wehrmachtsoldaten waren die tieferen Zusammenhänge verschlossen. Es war einer kleinen Handvoll von Männern wie Stauffenberg vorbehalten, mehr zu wissen und alle Zweifel hinter sich zu lassen: »Die Möglichkeit, als Verräter in die Geschichte einzugehen«, schrieb Stauffenbergs Kamerad Peter Sauerbruch im Rückblick, »wird nur von dem ertragen werden, der mit sich und seinem Gewissen absolut im Reinen ist.« Und er erklärte damit, dass es gerade auch im Widerstand viel Halbherzigkeit gegeben habe, und »kampfgewohnte, unerschrockene Männer« an sich selbst irre geworden seien, »als sich das Schicksal in entscheidender Stunde zu Hitlers Gunsten neigte«.[109]

Stauffenberg zählte nicht dazu. Er fühlte als Angehöriger der Armee eine besondere Verantwortung. Was im Herbst 1942 noch vorsichtiges Abtasten war, wurde nun, im Herbst 1943, zu entschlossenem Handeln. Vor allem mit Beck, dem früheren Generalstabschef, und mit seinem Vorgesetzten, General Friedrich Olbricht, dem Chef des Allgemeinen Heeresamtes, entwickelte sich eine enge Zusammenarbeit, in deren Mittelpunkt die Art und Weise des Staatsstreichs stand. Olbricht erwies sich für Stauffenberg als entscheidender Türöffner. Er stellte Verbindungen her, führte Stauffenberg ein, verhandelte und schöpfte aus dem reichen Fundus seiner langjährigen soldatischen Erfahrung. Pläne für die Durchführung des Staatsstreichs waren bereits 1942 ausgearbeitet worden. Am 13. März 1943 war wieder einmal ein Attentatsversuch gescheitert: Eine bei einem Frontbesuch Hitlers bei der Heeresgruppe Mitte in Hitlers Flugzeug eingeschmuggelte Bombe explodierte beim Rückflug nicht. Schon damals war offenkundig geworden, dass die bestehenden Pläne nicht ausreichten. Stauffenberg und Tresckow übernahmen es, sie zu überarbeiten. Grundlage der Planungen war der von Hitler für den Fall innerer Unruhen gebilligte Einsatzplan »Walküre« (»Walküre I«) vom 26. Mai 1942, der die Mobilisierung und Zusammenfassung von Einheiten des Ersatzheeres im sogenannten Heimatkriegsgebiet vorsah und der in seiner überarbeiteten Fassung vom 31. Juli 1943 (»Walküre II«) im Wesentlichen bis zum 20. Juli 1944 galt. Doch die Pläne hatten einen entscheidenden Schwachpunkt: Weder Olbricht noch Stauffenberg hatten in diesem Fall die Befehlsgewalt. Diese lag bei Hitler, und allenfalls der Befehlshaber des Ersatzheeres war berechtigt, »Walküre« auszulösen. Auf diesen – legalen – Notfallplanungen gründeten die Vorbereitungen der Verschwörer für ihr – illegales – Ziel des Staatsstreichs. Die Maßnahmen sollten über den Befehlshaber des Ersatzheeres unter dem Kennwort »Walküre« im Eventualfall an alle Wehrkreise weitergegeben werden. Der zentrale Befehl: »Der Führer Adolf Hitler ist tot. Eine gewissenlose Clique frontfremder Parteiführer hat es unter Ausnutzung dieser Lage versucht, der schwerringenden Front in den Rücken zu fallen und die Macht zu eigennützigen Zwecken an sich zu reißen. In dieser Stunde höchster Gefahr hat die Reichsregierung zur Aufrechterhaltung von Recht und Ordnung den militärischen Ausnahmezustand verhängt und mir zugleich mit dem Oberbefehl über die Wehrmacht die vollziehende Gewalt übertragen.«[110]

Stauffenberg und Tresckow betrieben ihre Planungen mit Umsicht. Die beiden beteiligten Sekretärinnen, Margarethe von Oven und Ehrengard Gräfin von der Schulenburg, tippten im Auftrag Stauffenbergs mit Handschuhen in die Maschine, wenn sie die Befehle für den Staatsstreich zu Papier brachten, und die konspirativen Zusammenkünfte wurden umsichtig als Treffen unter freiem Himmel im Grunewald geplant. Nichts sollte dem Zufall überlassen werden. Wenn der Umsturz erfolgreich sein sollte, mussten die Verschwörer auch den Nachrichtenapparat in die Hand bekommen, und zwar auf doppelte Weise: Einerseits musste die feindliche Führung blockiert und isoliert werden können, andererseits galt es, für die Unterstützung der eigenen Ziele die zur Verfügung stehenden technischen Mittel – Rundfunk, Fernschreiber, Funk und Fernsprecher – zum Einsatz zu bringen. Ohne funktionierende Nachrichtenmittel konnte kein Putsch gelingen.

Neben den konkreten Staatsstreichplanungen war die Frage nach der Durchführung des Attentats von zentraler Bedeutung. Entscheidend war vor allem: »1. Wie kam man überhaupt an Hitler heran? 2. Mit welcher Waffe oder welchen Mitteln war das Ziel mit absoluter Sicherheit zu erreichen?«, wie einer der Beteiligten, Rudolf von Gersdorff, im Rückblick formulierte: »Es war von vornherein klar, dass der Anschlag mit 100-prozentiger Sicherheit für das Gelingen durchgeführt werden musste; denn ein misslungenes Attentat musste dem gesamten Vorhaben den Todesstoß versetzen. Als weiterer Grundsatz wurde schon damals erkannt, dass der Anschlag so bald als möglich durchgeführt werden musste; denn die Zeit verschlechterte die politische und wirtschaftliche Lage Deutschlands laufend, die Zeit brachte die Gefahr der Entdeckung der Verschwörung mit sich, die Zeit kostete unnütze Opfer an Gut und Blut.«[111]

Die wichtigste Lehre aus dem gescheiterten Attentat vom März 1943 war die Konzentration auf die Bedingungen, die das Gelingen sicherstellen sollten. Ganz wesentlich verbunden war dies mit der Frage nach einem geeigneten

Attentäter. Ende Oktober 1943 war Stauffenberg an den Chef der Organisationsabteilung im OKH, Generalmajor i. G. Hellmuth Stieff, herangetreten, der es nach reiflicher Überlegung ablehnte, selbst die Tat auszuführen, aber bereit war, den von Stauffenberg mitgebrachten Sprengstoff aufzubewahren. Stauffenbergs Blick fiel nun auf einige mutige jüngere Offiziere, die sich an der Front bewährt hatten und deren Charakterstärke Gewähr dafür bot, dass sie der Größe der Aufgabe gewachsen waren. Der hochdekorierte junge Hauptmann Axel von dem Bussche, den Stauffenberg 1943 kennengelernt hatte, war sofort bereit, bei einer Vorführung neuer Uniformen das Attentat auf Hitler selbst durchzuführen und sich gemeinsam mit dem Diktator in die Luft zu sprengen. Doch der dafür vorgesehene Zeitpunkt musste mehrfach verschoben werden, und als Stauffenberg Bussche im Januar 1944 erneut zu dem als Uniformvorführung getarnten Anschlag einteilen wollte, verweigerte dessen Divisionskommandeur diesem die erforderliche Freistellung. Kurz darauf wurde er schwer verwundet. Ende Januar 1944 war Stauffenberg dann an den Sohn Ewald von Kleist-Schmenzins, den Leutnant Ewald Heinrich von Kleist, mit der Frage herangetreten, ob er zum Attentat auf Hitler bereit wäre. Eine Rückversicherung des jungen Offiziers bei dessen Vater diente der Bestätigung. Die Antwort, die der Vater dem Sohn gab, zeigt etwas von der zeitlosen Kraft und Stärke, aus der der deutsche Widerstand geschöpft hat. Sie lautete: »Ja, Du musst es tun. Wer in einem solchen Moment versagt, wird nie wieder froh in seinem Leben.«[112] Doch die geplante Vorführung fiel wegen eines Luftalarms aus. Schließlich, im April 1944, setzte sich bei Stauffenberg die Auffassung durch, dass er selbst die Tat durchführen müsse. Dies war, wie Peter Sauerbruch geschrieben hat, »die sauberste Lösung«. Doch eigentlich war das Bombenattentat, bei dem auch Unschuldige geopfert werden, dem Soldaten Stauffenberg mit seiner strengen Gewissensbindung fremd. Es gehörte, so Sauerbruch, »in das Repertoire von Anarchisten«.[113]

Seine allernächste Umgebung hatte Stauffenberg über seine immer konkreteren Attentatspläne in Unklaren gelassen. »Je weniger du weißt, desto besser ist es für dich!«, hatte er seiner Frau Nina gegenüber – sie war mit Konstanze schwanger, dem fünften Kind, das Ende Januar 1945 geboren werden sollte – als Maßgabe und Rechtfertigung für seine Zurückhaltung ausgegeben. Daraus auf ein vormodernes Verständnis von Partnerschaft oder gar Misstrauen gegenüber der eigenen Frau schließen zu wollen, ist abwegig, auch wenn Nina Gräfin Stauffenbergs Zurückhaltung gegenüber Historikern nach 1945 zu derartigen Spekulationen Anlass gegeben hat. In ihren Erinnerungen indes wurde sie wesentlich deutlicher: »Sie [Die Historiker, U. S.] betonen immer wieder, dass ich nichts wusste. Das stimmt nicht. Was ich nicht wusste, war, dass er das Attentat selbst machen würde. Wir sprachen über das notwendige Attentat, auch über die Fehlschläge im Herbst 1943. Außer Leber nannte er keinen Namen, den ich nicht wusste –, aber ich fragte ihn nach Bekannten, und er sagte ja oder nein. Zum Beispiel ›Peter (Sauerbruch, der wegen Hepatitis einen längeren Krankenurlaub hatte) war mir eine große Hilfe.‹ Peter Yorck: ›Seit Moltke verhaftet ist, kann man was mit ihm anfangen.‹«[114] Diese Zurückhaltung entsprach nicht etwa übertriebener Geheimniskrämerei, sondern war ein Gebot der Klugheit. Denn zu den Grundbedingungen jeder Konspiration zählt, dass jeder Beteiligte gerade so viel wissen sollte, wie für die Ausführung seines Auftrags unbedingt notwendig war, und dass nahe Angehörige so weit wie möglich zu schützen waren, um sie im Falle des Scheiterns nicht unnötig zu gefährden.

Die Fixierung auf die Aufgabe und das Doppelspiel hinterließen auch bei Stauffenberg sichtbare Spuren. Als Ludwig Thormaehlen Stauffenberg im April 1944 besuchte, stand dieser spürbar unter der Last der Größe der bevorstehenden Aufgabe, einer Last, die der Patriot freiwillig auf sich genommen hatte, die er als eine Art geschichtliche Mission betrachtete und für die er bereit war, sein Leben zu lassen. Stauffenbergs Worte, die Thormaehlen 1946 in seinem Bericht über die Begegnung wiedergibt, drücken diese Last auf beklemmende Weise aus: »Ludwig, fast war ich verzweifelt an meinem Wiederaufkommen. Wir haben noch eine Aufgabe. Und ich war verzweifelt, dass diese Aufgabe, die mir zugefallen ist, von mir nicht erfüllt werden könnte. [...] Ludwig, wenn das, was im Gange ist – und es ist im Gang – so weitergeht, kann niemand von uns mehr leben, und dann ist auch Familie sinnlos, ist Familie nicht mehr möglich, gibt es sie nicht mehr.«[115]

Von dem rastlos handelnden, Tag und Nacht unter dem Doppeldruck von dienstlicher Aufgabenerfüllung und konspirativer Staatsstreichvorbereitung agierenden Stauffenberg ging eine innere Kraft aus, die denjenigen nicht verborgen blieb, die ihn täglich erlebten. Auf jene, die damals zum ersten Mal mit Stauffenberg zusammentrafen, hinterließ er einen tiefen Eindruck – durch die Art, wie er »strahlend lebhaft und mit einer Sicherheit, die einem glauben machte, seine schweren Verstümmelungen behinderten ihn nicht im mindesten« die Hand gab und wie er nach dem Anteil nehmenden Austausch freundlicher Worte ganz unvermittelt sagte: »Ich betreibe mit allen mir zur Verfügung stehenden Mitteln den Hochverrat.«[116] Stauffenberg machte aus seinem Herzen keine Mördergrube. Dort, wo er Vertrauen gefasst hatte, offenbarte er sich schnell. Dann folgte, wie Urban Thiersch berichtet, ein Gespräch über die augenscheinlich unentrinnbar hoffnungslose militärische Lage, darüber, »dass ein Umsturz hieran nichts zu ändern vermöge, aber dass viel Blut gespart und ein letztes furchtbares Chaos vermieden werden könne«.[117] Es sei von Stauffenberg keine Suggestion, keine Magie ausgegangen, aber eine unglaublich starke, lebendige Kraft, die ihn zum natürlichen Zentrum des politischen und militärischen Handelns gegen Hitler werden ließ. Mit der Zeit – und dies ist vielleicht seine bemerkenswerteste Wandlung des Jahres 1944 – neigte sich die Waagschale zugunsten des Politischen. Denn das wiederholte Aufschieben des Attentats führte dazu, dass Stauffenberg mehr und mehr in den politischen Teil der Verschwörung eingreifen konnte.

Und auch noch auf andere Weise war Stauffenberg im Frühsommer 1944 in eine zentrale Funktion aufgerückt, die ihm nun unmittelbaren Zugang zu Hitler eröffnete. Am 20. Juni 1944 hatte er seine neue Aufgabe als Chef des Stabes bei Generaloberst Friedrich Fromm, dem Befehlshaber des Ersatzheeres, angetreten. Mit 36 Jahren war er in eine Schlüsselfunktion, auf der Planstelle eines Generalmajors, eingerückt. Fromms Haltung zu den Attentatsvorbereitungen und Staatsstreichplänen blieb ambivalent und gibt Rätsel auf, die allenfalls mit Fromms wankelmütigem, opportunistischem Charakter erklärt werden können. Warum hatte er sich so ausdrücklich um Stauffenberg als Stabschef bemüht, während ihm bekannt war, dass Stauffenberg den Glauben an den »Endsieg« verloren hatte, und nachdem dieser schon im ersten Gespräch zu erkennen gegeben hatte, dass er am Sturz des Regimes arbeitete? Fromm gehörte zum skrupellosen Typus der scheinbaren Erfolgsmenschen, die von sich behaupten, immer auf der richtigen Seite zu stehen. In vertrauter Runde ging er zu den nationalsozialistischen Machthabern auf Distanz, ließ Kritik durchscheinen, doch das Hauptvergehen des Regimes bestand seiner Auffassung nach vor allem darin, sein wahres Genie nicht vollumfänglich zur Geltung zu bringen. Vielleicht auch wollte er sich nur mit dem hochdekorierten Frontoffizier schmücken, von dem er wusste, dass dessen Verdienste im Führerhauptquartier hoch geschätzt wurden – zumal Fromms Stern bei Hitler seit 1943 im Sinken war.

Fromm kann die Betriebsamkeit und die Zentralstellung seines Chefs des Stabes nicht verborgen geblieben sein, denn die Widerstandsbewegung entfaltete nach einer kurzen Phase der Stagnation in den Monaten April und Juni eine bis dahin nicht gekannte Intensität. Der äußere Druck des Kriegsverlaufs hatte daran einen nicht unbeträchtlichen Anteil: In einer Großoffensive der Roten Armee gegen die Heeresgruppe Mitte waren in der zweiten Junihälfte 28 Divisionen aufgerieben worden. Ein letztes Mal konnte sich Stauffenberg in jener Zeit, zwischen dem 24. und dem 26. Juni, zu seiner Familie nach Bamberg begeben und Kraft schöpfen. Der Abschied, den er von den Seinen nahm, sollte ein Abschied für immer sein. In Berlin wurde am 4. Juli 1944 der Arbeiterführer Adolf Reichwein bei einem Treffen mit zwei KPD-Funktionären von der Gestapo verhaftet, am Tag darauf einer der führenden Köpfe der Kreisauer, der Gewerkschafter Julius Leber, der zu der Zusammenkunft am Vortag nicht erschienen war. Damit war die Zusammenarbeit der Widerständler mit den Kommunisten schon beendet, bevor im eigentlichen Sinn davon die Rede sein konnte. Nach der Verhaftung Osters und Moltkes zeigte dieser weitere Schlag, dass sich der Ring der Gestapo immer enger um die Verschwörer zog.

Vor allem die Verhaftung Lebers traf Stauffenberg empfindlich. In einer ausgesprochen kontroversen Besprechung im Hotel Esplanade am 16. Juni hatte Leber Goerdeler für seinen politischen Illusionismus in der Außenpolitik und seine Großindustriehörigkeit in der Wirtschaftspolitik angegriffen. Zum ersten Mal war bei diesem Treffen damals auch über

eine mögliche Verbindung mit den im Untergrund befindlichen deutschen Kommunisten gesprochen worden. Bereits
die vorhergehende erste Aussprache am 15. Mai hatte tiefe
Risse unter den Spitzen des zivilen Widerstands aufgedeckt.
Stauffenberg teilte indes Lebers kritische Sicht Goerdelers.
Mehr und mehr hatte sich bei ihm in den wiederholten Begegnungen mit dem ehemaligen Leipziger Oberbürgermeister der Eindruck verfestigt, dass Goerdeler rückwärtsgewandt
und in seinem politischen Handeln und seinen Vorstellungen
wenig realitätsbezogen sei. Er wollte Leber anstelle Goerdelers als Reichskanzler, was dieser jedoch ablehnte, weil
er die Belastung der Weimarer Republik durch die Dolchstoßlegende vor Augen hatte. Aufgrund dieser Parteinahme
Stauffenberg bereits sozialistische Neigungen vorwerfen zu
wollen, würde indes entschieden zu weit führen. Nina Gräfin Stauffenberg hat dies später unmissverständlich klargestellt: »Mein Mann meinte, dass keine neue Regierung ohne
ihn auskommen würde, außer einer kommunistischen. Die
Freundschaft mit dem patriotischen Sozialisten Leber hat ihn
wohl dem Sozialismus geöffnet, aber nicht zwangsläufig zum
Sozialisten gemacht. Für ihn war die Spitzenpersönlichkeit
der von ihm verehrte General Beck. Nicht Goerdeler.«[118]
Längst war Stauffenberg damals schon selbst Motor der
Widerstandsbewegung. Er hatte wiederholt die Verschwörung aus der Depression gerissen. Er hatte das Heft des Handelns in die Hand genommen, und er gab sich keinen Illusionen über die tatsächliche Lage mehr hin. Henning von
Tresckows im Juli 1944 gesprochene, von seinem Adjutanten
Fabian von Schlabrendorff überlieferten Sätze von der sym-
bolischen Bedeutung von Staatsstreich und Attentat hätten
nicht besser gewählt sein können, wenn es gilt, die Motive
Claus von Stauffenbergs zu jener Zeit treffend zu beschrei-
ben: »Das Attentat auf Hitler muss geschehen, koste es, was es

wolle. Sollte es nicht gelingen, so muss trotzdem der Staatsstreich versucht werden. Denn es kommt nicht mehr auf den
praktischen Zweck an, sondern darauf, dass die deutsche
Widerstandsbewegung vor der Welt und vor der Geschichte
unter Einsatz des Lebens den entscheidenden Wurf gewagt
hat. Alles andere ist daneben gleichgültig.«[119] Und wie zur
Bekräftigung dieser Haltung hatte Stauffenberg in den ersten Julitagen mit dem von Rudolf Fahrner und seinem Bruder Berthold nach seinen Vorstellungen verfassten Schwur
auf feierliche Weise ein Bekenntnis abgelegt, das deutlich
die Züge eines politischen Vermächtnisses trägt. Die aus
heutiger Sicht weit entrückte Sprache, die Anrufung einer
»neuen Ordnung«, »germanischen Wesens« und »künftiger
Führer« mag missverständlich klingen und falsche Assozia-
tionen nahelegen. Doch gilt es zu berücksichtigen, dass der
Schwur nur für einen allerengsten Kreis bestimmt war, dasss
er sozusagen für Wissende formuliert war und dass die darin
enthaltenen Gedanken durchaus seinem elitären, von Stefan
George geprägten Staatsverständnis entsprachen. Unter dem
Strich bleibt der Schwur ein eindrucksvolles Dokument der
Lauterkeit von Stauffenbergs politischem Wollen und seiner
unverbrüchlichen Zugehörigkeit zum westlichen Denken:
Er kann durchaus als eine Art Präambel für die Verfassung
eines zukünftigen Staats gelesen werden, wie ihn sich die
Männer und Frauen des 20. Juli vorstellten: »Wir glauben an
die Zukunft der Deutschen. Wir wissen im Deutschen die
Kräfte, die ihn berufen, die Gemeinschaft der abendländi-
schen Völker zu schönerem Leben zu führen. Wir bekennen
uns im Geist und in der Tat zu den großen Überlieferungen
unseres Volkes, das durch die Verschmelzung hellenischer
und christlicher Ursprünge in germanischem Wesen das
abendländische Menschentum schuf. Wir wollen eine Neue
Ordnung, die alle Deutschen zu Trägern des Staates macht

und ihnen Recht und Gerechtigkeit verbürgt, verachten aber die Gleichheitslüge und beugen uns vor den naturgegebenen Rängen. Wir wollen ein Volk, das in der Erde der Heimat verwurzelt den natürlichen Mächten nahe bleibt, das im Wirken in den gegebenen Lebenskreisen sein Glück und sein Genüge findet und in freiem Stolze die niederen Triebe des Neides und der Missgunst überwindet. Wir verbinden uns zu einer untrennbaren Gemeinschaft, die durch Haltung und Tun der Neuen Ordnung dient und den künftigen Führern die Kämpfer bildet, derer sie bedürfen. Wir geloben untadelig zu leben, im Gehorsam zu dienen, unverbrüchlich zu schweigen und füreinander einzustehen.«[120]

Ein schwieriger Held
Stauffenberg und die Deutschen
(NACH 1945)

Nach dem 20. Juli zeigte sich, dass Stärke und Schwäche des gescheiterten Staatsstreichs eng beieinander lagen. Beides hatte wesentlich mit den Grundbedingungen zu tun, unter denen sich widerständiges Handeln in der Diktatur vollzieht. Die Schwächen lagen im fehlenden Rückhalt im Volk, in den unterschiedlichen Vorstellungen über den künftigen Weg Deutschlands, sowohl mit Blick auf die innenpolitischen Auffassungen als auch mit Blick auf Deutschlands außenpolitische Orientierung, in den illusionären Vorstellungen über die Aussichten von Friedensverhandlungen, im Gegensatz zwischen Jungen und Älteren innerhalb der Opposition. Doch dem steht die moralische Stärke, das Beispielgebende, der Mut und die innere Konsequenz der beteiligten Männer und Frauen gegenüber. Das Problem der geschichtlichen und politischen Würdigung des 20. Juli 1944 besteht darin, dass ein facettenreiches, zivile und militärische Hintergründe sowie ganz unterschiedliche politische Strömungen verbindendes Phänomen wie die deutsche Opposition gegen Hitler mit einer einzigen Tat – zugespitzt formuliert, mit einer einzelnen Person, Claus Schenk Graf von Stauffenberg – verbunden wird. Zudem war diese Tat von vornherein auch als symbolhaftes Handeln angelegt und ist schon unmittelbar nach ihrer Ausführung zum Symbol geworden. Die Kritik an Stauffenberg, wie sie in Geschichtswissenschaft und Publizistik seit 1945 immer wieder vorgebracht wurde, ist damit immer auch eine Kritik an maßgeblichen Gruppierungen der deutschen Opposition gegen Hitler. Und umgekehrt geht die Überhöhung Stauffenbergs zulasten der anderen prägenden Kräfte im Widerstand. Noch die jüngste filmische Aufarbeitung des 20. Juli, die amerikanische Produktion *Operation Walküre* unter der Regie von Bryan Singer und mit Tom Cruise in der Rolle Stauffenbergs, zeigt dies. Unser heutiger Blick auf den 20. Juli erfolgt im Wissen sowohl um den Zusammenbruch und politischen Ruin des Nationalsozialismus 1945 als auch um den darauffolgenden geglückten demokratischen Neuanfang in Deutschland. Er erfolgt auch aus der fast ausschließlichen Perspektive der Nachgeborenen, die jene Entscheidung, vor die Stauffenberg und seine Generation – sozusagen die heute Hundertjährigen – gestellt waren, nämlich für oder gegen Hitler zu sein, nicht mehr persönlich durchlebt haben, so dass viele unter ihnen sich deren Gewissensnot auch gar nicht mehr vorstellen können.

Nach dem 20. Juli wurden über 600 Personen verhaftet. Den meisten von ihnen wurde in den darauffolgenden Wochen der Prozess gemacht. Die seit dem 7. August 1944 im großen Saal des Berliner Kammergerichts unter dem Vorsitz des Präsidenten des Volksgerichtshofs, Roland Freisler, geführten Verhandlungen verfehlten ihre vom Regime beabsichtigte Wirkung. Aus den Angeklagten wurden Ankläger. Unser heutiges Bild des nationalsozialistischen Unrechtsregimes ist neben den Konzentrationslagern, den Nürnberger Gesetzen oder der »Reichskristallnacht« ganz wesentlich auch von den Prozessen des Volksgerichtshofs geprägt. Von der hohntriefenden, menschenverachtenden Brüllerei Freislers setzten sich die mutigen, von hohem Ethos geprägten Auftritte der Angeklagten ab. Auch die den Angeklagten zugemuteten Erniedrigungen – wie gürtellose, rutschende Hosen und offene Schuhe – konnten an diesem Bild nichts ändern. Immer dann, wenn

Berthold Schenk Graf von Stauffenberg vor dem Volksgerichtshof am 10. August 1944.

die Angeklagten auf ihre Motive zu sprechen kam, schnitt Freisler ihnen das Wort ab. Ulrich von Hassell hat in seinem Schlussplädoyer im festen Bewusstsein, für ein anderes, besseres Deutschland zu sprechen, darauf hingewiesen, dass es keine Identität zwischen Regierung und Volk gebe. Das Volk sei ewig, jede Regierung vorübergehend, aber verantwortlich.[121] Und Hans Bernd von Haeften hielt Freisler auf die Frage, ob er einsehe, dass er Verrat geübt habe, entgegen: »Juristisch ist es Verrat, tatsächlich nicht, denn eine Treuepflicht habe ich nicht mehr empfunden. Ich sehe in Hitler einen großen Vollstrecker des Bösen in der Geschichte.«[122]

Wie sich Stauffenberg vor Gericht verhalten hätte, wissen wir nicht. In vielen der Verhöre wurde er schwer belastet. Das liegt nahe, denn zu der Entlastungsstrategie vieler zählte, besonders gravierende Aussagen denjenigen zuzuschreiben, die nicht mehr am Leben waren. Es entsprach Stauffenbergs Wesen, sich zu seiner Verantwortung zu bekennen. Bereits am Abend des 20. Juli, als sich das Scheitern abzeichnete, hatte er das Handeln der rangniederen Offiziere mit der Bemerkung zu schützen versucht, sie hätten ausschließlich auf Befehl gehandelt, und zwar auf seinen Befehl.

Vorbehalte gegen die Kaltenbrunner-Berichte – eine Zusammenfassung der Verhörprotokolle der Gestapo und Hauptquelle der meisten Historiker für die Ereignisse des 20. Juli – sind allerdings berechtigt. Früh schon sind sie treffend als »Zerrspiegel des 20. Juli« (Hans Rothfels) bezeichnet worden. Beim Wort sind sie jedenfalls nicht zu nehmen. Doch selbst wenn man sie kontextbezogen als Dokumente der nationalsozialistischen Recherche und der Anklage gegen die Männer und Frauen des 20. Juli liest, prägt sich der Eindruck von Stauffenberg als dem Motor von Staatsstreich und Attentat ein.

Hitler verschlang die Berichte über die Prozesse begierig, und in Hitlers Entourage auf dem Berghof und im Führerhauptquartier wurden die erniedrigenden Aufnahmen von den Hinrichtungen in Plötzensee als abendliche Filmvorführungen gezeigt. Doch mit fortlaufendem Prozess wurde die öffentliche Berichterstattung immer spärlicher. Am Schluss wurden nicht einmal mehr die Todesurteile publiziert. Vielen scheint im Prozessverlauf gedämmert zu haben, dass diesem Gegner mit Verunglimpfungen allein nicht beizukommen war. Wenn ein Symbol für Willkür und Unrechtmäßigkeit dieser sichtbar auf den Zusammenbruch zusteuernden Hitler-Diktatur gesucht wird, dann war es der Prozess gegen die Angehörigen des 20. Juli vor dem Volksgerichtshof. Für den nationalsozialistischen Staat wurde er zum moralischen Offenbarungseid. Himmlers Versuch, die Familie Stauffenberg durch Sippenhaft und die Trennung der Kinder von ihren Eltern auszulöschen, ist als Zeugnis der Grausamkeit und Ohnmacht des untergehenden Regimes zu deuten, das längst alle Brücken zur Zivilisation abgebrochen hatte und nur noch Willkürjustiz kannte.

Vielleicht hängt mit der so schwer fassbaren moralischen und geistigen Kraft der Männer und Frauen des 20. Juli zusammen, warum es nach 1945 so lange gedauert hat, ihnen einen würdigen Platz in der Geschichte zuzuweisen. Carl Zuckmayer hatte mit der Gabe des Dichters früh erfasst, dass das Scheitern nicht der Maßstab für die Beurteilung sein dürfe.[123] Hans Rothfels, der vom politischen Vermächtnis des 20. Juli sprach und der deutschen Opposition ein historisches Denkmal setzte, und Joachim Fests »Lohn der Vergeblichkeit« meinen dasselbe.[124] Den Grundton hatte bereits 1954, am 10. Jahrestag, der erste Bundespräsident, Theodor Heuss, angeschlagen, als er davon sprach, »dass die Erfolglosigkeit ihres Unternehmens dem Symbolcharakter des Opfergangs nichts von seiner Würde raubt«.[125]

Doch in der Mehrzahl haben sich die Deutschen, hat sich auch die deutsche Geschichtswissenschaft mit den Biografien der Männer und Frauen des 20. Juli zunächst sehr schwergetan. Mit den ersten wissenschaftlichen Versuchen der Deutung des Dritten Reiches, mit der Veröffentlichung der ersten Zeitzeugenberichte von überlebenden Hitlergegnern – Eugen Gerstenmaiers Aufsätze in der *Neuen Zürcher Zeitung*, die Erinnerungen von General Thomas oder die Berichte von Gero von Gaevernitz (*Offiziere gegen Hitler*) und von Hans Bernd Gisevius (*Bis zum bitteren Ende*) – wurden Einzelheiten über die Verschwörung gegen Hitler bekannt. Doch der Wunsch nach einer Pause von der Weltgeschichte war damals sehr weit verbreitet. Noch in den 1950er Jahren war die Haltung der Deutschen zum Widerstand gegen Hitler und zur Frage seiner Berechtigung geteilt. Der heimkehrende Frontsoldat und die ums Überleben kämpfende Trümmerfrau hatten anderes im Sinn als die Pflege des Gedächtnisses der Männer und Frauen um Stauffenberg. Für sie waren die existenziellen Lebensfragen entscheidender als intellektuelle Vergangenheitsdebatten. Die Sorge ums tägliche Brot überwog, der Blick war nach vorne gerichtet. Neun Millionen Parteigenossen mussten in die Gesellschaft der Bundesrepublik integriert werden. Es waren »Tage des Überlebens« (Margret Boveri): Diejenigen, die mit dem Leben davongekommen waren, wollten es genießen, in vollen Zügen, auch wenn das Gefäß, aus dem sie schöpften, zur Hälfte zerbrochen war. Die auf den Zweiten Weltkrieg unmittelbar folgenden Jahre waren keine Zeit der schonungslosen Abrechnung. Viele wollten vom Leid des Bombenterrors, vom Elend der Todesmärsche, von den Entbehrungen der Front, von den Qualen der Lageraufenthalte, von den Todesängsten im Luftschutzbunker nichts mehr wissen. Die Entnazifizierungspolitik mit ihren bisweilen als Demütigung empfundenen Fragebögen, ihren Begleiterscheinungen wie der Inflation der Persilscheine und der Politik der *reeducation* führte zu einer Art Trotzreaktion, die zwar keine Wiederbelebung des Nationalsozialismus hervorrief, aber doch nachhaltig die Auseinandersetzung mit »Drittem Reich« und Zweitem Weltkrieg geprägt hat. Hermann Heimpel sprach in jenen Jahren von den heilsam wirkenden Kräften der nach 1945 einsetzenden Geschichtsmüdigkeit als einer »Art von Schlaf, in dem sich der Mensch in seiner Gegenwart träumend [...] von der Last der Vergangenheit und Zukunftssorge erquickt«.[126]

Der Preis, den die deutsche Gesellschaft unmittelbar nach 1945 für ihre Gegenwartsbezogenheit bezahlte, war jedoch beträchtlich. In den Schulen hörte der Geschichtsunterricht zumeist mit der Zeit vor 1933 auf. Tiefere Kenntnisse über die Ursachen der gegenwärtigen Nöte und des Verlusts – fast keine Familie, die nicht einen Angehörigen zu beklagen hatte, der aus dem Krieg nicht mehr heimgekehrt war – waren kaum verbreitet. Viele der Opfer wiederum befürchteten hingegen, mit ihrer Sicht nicht durchdringen zu können, nicht wenige schwiegen aus Scham oder aus Unfähigkeit, das Erlebte in Worten auszudrücken.

Es waren nicht die kompromisslosen Gegner des nationalsozialistischen Regimes – der Attentäter Claus Schenk Graf von Stauffenberg oder der ebenfalls hingerichtete Kopf des Kreisauer Kreises, Helmuth James Graf von Moltke –, die in der Nachkriegszeit zu den Lieblingshelden des deutschen Medienpublikums avancierten, es waren vielmehr die draufgängerischen Kriegshelden, denen im Laufe der nationalsozialistischen Herrschaft zunehmende Zweifel am Regime gekommen waren und die daraufhin in der nationalen Ausnahmesituation des Weltkrieges an ihrem Loyalitätskonflikt schier zerbrachen und das Dilemma der Entscheidung zwischen Verrat oder Patriotismus mit dem eigenen Leben bezahlten: Das Schicksal des Fliegergenerals Ernst Udet, der nach der 1946 von Carl Zuckmayer verfassten Vorlage *Des Teufels General* in einer Verfilmung von 1954 von Curd Jürgens in der Hauptrolle eindrucksvoll dargestellt wurde, gehört genauso in diese Kategorie wie die Geschichte des populärsten deutschen Soldaten im Zweiten Weltkrieg, des »Wüstenfuchses« Generalfeldmarschall Erwin Rommel, der sich 1944, von Hitler vor die Alternative Verhaftung und Prozess oder Freitod und Staatsbegräbnis gestellt, für den erzwungenen Selbstmord entschied.

In der DDR wurde für lange Zeit der bürgerliche Widerstand gegen Hitler verschwiegen und die Geschichte des Widerstands gegen den Nationalsozialismus nahezu ausschließlich auf die Arbeiterbewegung und den kommunistischen Widerstand reduziert: der innere Zusammenhang zwischen deutschem Faschismus und westlichem Imperialismus war Dogma. Unterscheidungen innerhalb des konservativ-liberalen Widerstands, wie etwa die zwischen Kreisauern und Honoratioren, konnten infolgedessen nicht vorgenommen werden. Ziele und Zeitpunkt der Verschwörer des 20. Juli galten nach der dort herrschenden Lehre als durch »die politischen Erwägungen eines bestimmten Flügels der Monopole und des Junkertums bestimmt«.[127] Zwar gab es bereits in den 1960er und 1970er Jahren zaghafte Ansätze zu einem nuancierteren Urteil – etwa Daniil Melnikow über den 20. Juli und Kurt Finkers Stauffenberg-Biografie –, doch erst in den 1980er Jahren wurden im Zuge der Neubewertung Preußens Ansätze auch zu einer differenzierteren Bewertung der Männer des 20. Juli und damit Stauffenbergs erkennbar.

Der Widerstand interessierte nach 1945 nur eine schmale Schicht, genauso wie er vor 1945 Angelegenheit einiger weniger gewesen war. Letzteres hängt nicht zuletzt mit den besonderen Bedingungen zusammen, die den Kampf gegen Hitler und sein Regime so schwer machten. 1941, als Hitler bereits mit dem Angriff auf die Sowjetunion dem Krieg die entscheidende Wendung gegeben hatte, sich aber immer noch im Glanz der militärischen Siege des Westfeldzugs son-

nen konnte, nahmen die Gruppen der Opposition organi-
satorische Gestalt an. Im Juli 1944, zum Zeitpunkt des Attentats, war die Mehrheit der Deutschen zwar nicht mehr
für Hitler, aber sie war auch nicht gegen ihn. Und wer sich
an den Eifer fanatischer »Goldfasane« und SS-Leute erinnert,
die noch in den letzten Apriltagen des Jahres 1945 »Volksgenossen« standrechtlich erschießen ließen, weil diese Zweifel am unmittelbar bevorstehenden Endsieg geäußert hatten,
und sich mit Volkssturm und »Werwolf« auf eine Fortsetzung
des Kampfes gegen die anglo-amerikanischen Eroberer auch
nach der Kapitulation der Wehrmacht vorbereiteten, dem
wird jene These vom »Widerstand ohne Volk« einleuchten.

Der Widerstand gegen Hitler war keine Résistance oder
Resistenza, die sich gegen eine oppressive Feindmacht auf-
lehnte. Deutscher Widerstand gegen Hitler war im Zweiten
Weltkrieg immer mit dem auch für viele am Attentat des
20. Juli 1944 Beteiligte zentralen moralischen Dilemma verbunden, den Kampf zum Sturz des Regimes mit dem Preis
der Niederlage des Vaterlandes bezahlen zu müssen. Das
Stigma des vermeintlichen Landesverräters begleitete die
Widerständler auf Schritt und Tritt. Schon im Krieg hatten
Briten und Amerikaner wenig Verständnis übrig für diese
seltsame Frontstellung der Männer der deutschen Opposi-
on: gegen Hitler und für die eigene Nation. Mit sarkasti-
schen Bemerkungen verglichen sie die deutschen Frondeure
mit den jakobitischen Oppositionellen gegen Wilhelm von
Oranien unter General Monk (1688/89). Nationalsozialisten und deutsche Patrioten wurden in einen Topf geworfen.
Das Epitheton »Verräter« wurde dann in der Bundesrepublik
auf der äußersten politischen Rechten gerne benutzt, um –
»einmal Verräter, immer Verräter« – die Überlebenden des
20. Juli zu verunglimpfen. Die Haltung zu Stauffenberg und
dem deutschen Widerstand änderte sich erst, als nach den

Hakenkreuzschmierereien an der wiedererrichteten Kölner Synagoge an Weihnachten 1959 vermehrt Fragen nach dem verdrängten »Dritten Reich« gestellt wurden und in den Medien eine Welle der Aufklärung über die nationalsozialistische Vergangenheit einsetzte. Die Verhaftung Adolf Eichmanns und der anschließende Prozess gegen ihn in Jerusalem (1962), der Frankfurter Auschwitz-Prozess (1965) und die Verjährungsdebatten des Deutschen Bundestages (1965) bilden Etappen eines Weges der intensiveren Befassung mit den dunklen Jahren der Diktatur.

Das geringe Interesse für Claus Graf Stauffenberg und die Männer und Frauen des 20. Juli in den ersten Nachkriegsjahren hatte aber auch mit schlechtem Gewissen zu tun. Die Person des Attentäters machte es in ihrer Unbedingtheit den Nachkriegsdeutschen nicht einfach. Stauffenbergs Weg konfrontierte mit der unangenehmen Wahrheit, dass es zum Mitmachen und Mitlaufen eine Alternative gegeben hatte. So schloss die Würdigung der Tatsache, dass es überhaupt einen Widerstand gegen Hitler gegeben hatte, zugleich immer auch das Eingeständnis ein, dass man selbst nicht widerstanden hatte, beziehungsweise die selbstkritische Frage, warum nicht. Die Männer und Frauen um Stauffenberg waren zudem eine absolute Minderheit, eine zahlenmäßig sehr kleine Gruppe. Eine Volksbewegung war der Widerstand gegen den Nationalsozialismus zu keiner Zeit, konnte er auch gar nicht sein. In einer Zeit der Massenhypnotisierung und der versuchten Auslöschung des Individuums durch den Staat standen die Männer und Frauen des 20. Juli quer zum Zeitgeist. Eine Würdigung muss deshalb immer von diesem konsequenten Individualismus ausgehen. Stauffenbergs Weg in den Widerstand, die Biografie des Attentäters und sein Handeln am 20. Juli stehen dafür exemplarisch. Stauffenberg war von Herkommen und Werdegang ein klassischer Vertreter des Adels.

Er hatte, wie wir sahen, aristokratische Auffassungen, auch literarisch überhöhte Leitbilder, die heute kaum mehr geteilt und vielfach gar nicht mehr verstanden werden. Stauffenberg war kein Soldat herkömmlichen Typs. Er hing auch als junger Offizier noch dem entrückt-schwärmerischen Dichter Stefan George an, er sympathisierte mit Ideen der gesellschaftlichen Erneuerung und trat für einen geistig-sittlichen Soldatenbegriff ein. Am Anfang hatte er mit der nationalsozialistischen »Machtergreifung« Hoffnungen auf eine »nationale Erneuerung« verbunden. Diese Fehleinschätzung teilte er mit der Mehrheit der Deutschen. Er hätte gerade dadurch zu einer Identifikationsfigur werden können. Ihn deswegen freilich schon zum Sympathisanten der Nationalsozialisten zu stempeln, greift zu kurz. Die Verbrechen des Regimes öffneten ihm die Augen. Hier war er hellsichtiger als viele, er war kompromisslos, besaß die innere Kraft zum Handeln, und er war erfüllt von seiner historischen Mission.

Der Weg in den Widerstand führte über einen schmalen Grat zwischen Leben und Tod. Er war mit einer ungeheuren Verdichtung des Lebens verbunden. Der Einsatz der ganzen Person war erforderlich. Stauffenberg hat davon Zeugnis abgelegt, und er hat andere für seine Sache begeistern können. Es bildete sich ein Freundeskreis junger Männer und Frauen, die alle ausgeprägte, starke und anziehende Persönlichkeiten waren. Es war für sie selbstverständlich, die Eigeninteressen der gemeinsamen Sache unterzuordnen. Nur aus diesem Freundschaftsverständnis heraus ist die Geschichte des deutschen Widerstands gegen Hitler zu erfassen. Es war zwar eine militärische Aktion, an deren Ausführung in erster Linie Soldaten, genauer gesagt Generalstabsoffiziere des Heeres und zumeist Angehörige einer bestimmten Klasse, beteiligt waren, doch ohne das Zusammenwirken mit den zivilen Kräften des Widerstands wäre sie nicht möglich gewesen.

Es wurde im Widerstand zwischen Offizieren und Zivilisten, zwischen Protestanten, Katholiken und Agnostikern, zwischen Alten und Jungen, zwischen Monarchisten, Volkskonservativen und Sozialisten viel gestritten. Die Verfassungspläne der Verschwörer enthalten ständestaatliche Elemente und können nicht als Blaupause für den späteren Verfassungsentwurf von Herrenchiemsee betrachtet werden. Doch ist dies für unser heutiges Urteil entscheidend? Zählt nicht das Beispiel? In unserem heutigen Verständnis des Wortes war der Attentäter sicher kein Mann der Parteiendemokratie. Die häufig vertretene Argumentation, Stauffenberg und die Männer um ihn könnten allein schon deshalb nicht Vorbild sein, weil sie in anderen politischen Kategorien als den heute vertrauten dachten, entspringt jenem nivellierenden Übermaß an politischer Correctness, das spiegelverkehrt zu der noch in den 1950er Jahren anzutreffenden Argumentation begriffen werden kann, Stauffenberg tauge schon deshalb nicht zum Vorbild, weil er als Soldat Hochverrat begangen habe. Wiegen nicht letztlich Mut und Zivilcourage höher als das vermeintlich korrekte politische Bekenntnis?

Die Herabwürdigung der Motive der Verschwörer hatte schon zu Kriegszeiten Tradition. Liest man die bissigen Aktenvermerke im britischen Foreign Office oder im amerikanischen Auslandsgeheimdienst OSS, stellten die dortigen Regierungsbeamten die Motive der »verlassenen Verschwörer« in Frage und mutmaßten, von heimlichen Naziagenten in die Irre geführt zu werden, so wenig konnten sie sich vorstellen, dass ausgerechnet aus der Wehrmacht und der konservativen Beamtenschaft des auswärtigen Dienstes Einzelne bereit sein sollten, unter Einsatz ihres Lebens für den Sturz Hitlers den Kontakt zum Feind zu suchen. Dieses Unverstandensein durch die angelsächsischen Kriegsgegner und später die eigenen Landsleute ist die eigentliche Tragik des deutschen Widerstands und wiegt vielleicht schwerer als das fehlgeschlagene Attentat und der gescheiterte Staatsstreich. Dabei wurde wider besseren Wissens übersehen, dass Mut und Zivilcourage, die das Handeln des Einzelnen bestimmten, die Bindungen überstiegen, die von Klasse, Partei oder Religion ausgingen.

Die Persönlichkeit war wichtiger als das politische Bekenntnis oder die Zugehörigkeit zu einer Schicht. Auch der Umstand, dass sich mit Moltke, Trott, Schulenburg, Schwerin, Yorck große Namen des deutschen Adels unter denen fanden, die gegen Hitler aufbegehrten, tritt gegenüber der herausgehobenen Bedeutung der Person zurück. Darum kann Stauffenberg auch uns Heutige ansprechen, und diese oft wohl uneingestandene, vielleicht auch unbewusste Erkenntnis mag die Faszination erklären, die ein 1944 hingerichteter, in seinem Vorhaben auf der ganzen Linie gescheiterter Offizier auf uns Heutige ausüben kann. Genau damit aber haben sich viele Untersuchungen zum deutschen Widerstand schwergetan, und ein wenig mag immer auch das Misstrauen einer nivellierenden Mittelschicht gegen diejenigen mitgeschwungen haben, die aus der Reihe fielen, herausragten. Marion Gräfin Dönhoff, die selbst zahlreichen der Männer und Frauen um Stauffenberg freundschaftlich verbunden war, hat diese sittlichen Antriebe und den Geist der Freundschaft treffend in Worte gefasst, als sie schrieb: »Es waren nicht Verschwörer, die sich zusammenfanden, sondern junge Menschen gleicher Geisteshaltung, die früh die heraufziehenden Gefahren spürten und eine gesunde Skepsis gegen die bramarbasierenden Reden der Nazis entwickelten und gegen den übertriebenen Nationalismus.«[128] Was wir heute über den 20. Juli wissen, verdanken wir im Wesentlichen der Handvoll, die 1944/45 den Aufstand des Gewissens überlebt haben. Und diese haben aus der Erinnerung an die Vergangenheit Kraft für das Wirken in der Gegenwart bezogen.

Die konstitutive Rolle der Freundschaft als Voraussetzung der Aktivitäten des Widerstands ist lange Zeit von der Geschichtswissenschaft unterschätzt worden. Gleiches gilt für den – eigentlich selbstverständlichen – Satz, dass das Wirken des 20. Juli nicht verstanden werden kann, wenn man die Ehefrauen nicht als Teil des Freundeskreises, als wesentlichen Teil bei den Vorbereitungen für den Staatsstreich und das Danach begreift. Diese Frauen standen und stehen ihren Männern in Mut, Stärke, Würde und Haltung in nichts nach. Die Selbstbeschreibung einer dieser Frauen als »eine Art Beobachterinnen«[129] fällt viel zu bescheiden aus. Sie waren Ratgeberinnen, Trostspenderinnen und Kraftquell in einem. Und es ist bezeichnend, dass kaum eine der Witwen aus dem Kreis des 20. Juli je wieder geheiratet hat. Das gilt auch für Nina Schenk Gräfin Stauffenberg, die scheinbar, dem herkömmlichen Bild nach, an Attentatsvorbereitungen und Staatsstreichplanungen keinen Anteil hatte und den 20. Juli im schwäbischen Lautlingen aus der Ferne erlebte. »Ich habe nie das Gefühl gehabt, eine Rolle zu spielen. Ich habe getan, was von mir verlangt wurde. Ich musste meine Aufgabe erfüllen, nicht im Wege zu stehen und meinen Mann nicht zu belasten.«[130] Die Rolle der fürsorgenden Mutter der gemeinsamen vier Kinder – das fünfte war unterwegs –, die sich schlafen legte, als in Berlin der Staatsstreich noch in vollem Gange war, passt indes nur scheinbar ins Klischee von der ahnungslosen Ehefrau, dem Heimchen am Herd. Was für eine starke Persönlichkeit Nina Gräfin Stauffenberg war, geht aus ihren im Porträt ihrer Tochter Konstanze von Schulthess reichlich zitierten Aufzeichnungen und Schilderungen hervor. »Spielt ihr Verschwörerles?«, hatte sie ahnungsvoll den Ehemann gefragt. Die Innigkeit ihrer Beziehung machte sie zur Wissenden, auch ohne dass sie explizit in die Details der Planungen eingeweiht gewesen war. Sie wusste von der Bombe und dem geplanten Attentat und von den anderen Mitverschwörern, nur dass ihr Mann selbst das Attentat ausführen würde, wusste sie nicht. »Je weniger Du weißt, desto besser ist es für dich«[131], hatte Claus Stauffenberg kurz vor der entscheidenden Tat seiner Frau erklärt. Und es sprach für ihre Klugheit, dass sie nicht weiter bohrte. Auf diese Weise wurde sie vor einer Mitwisserschaft bewahrt, die ihr danach hätte gefährlich werden können. »Nein, und ich wiederhole noch einmal: ich habe nie an meinem Mann gezweifelt, weder vorher noch nachher. Ich habe nie in Frage gestellt, was mein Mann getan hat. Manchmal hatte ich sogar das Gefühl, dass es für ihn das Beste war, weil ich mir eigentlich nicht vorstellen konnte, wie er die Sache überlebt hätte. […] Auch wenn es gelungen wäre, weiß ich nicht, wie er das verkraftet hätte.«[132] Die an die Kinder nach dem Attentat zu ihrem Schutz ausgegebene Parole »Der Papi hat sich geirrt« kann nur jemand tragen, dem aus der Gewissheit inniger Liebe und aus der Stärke der Stille Kräfte zuwachsen. Mit Zurückhaltung hat Nina Gräfin Stauffenberg nach 1945 auf Anfragen von Historikern, die so oft auch ihr eigenes Bild in der Geschichte verzerrt hatten, reagiert. »Ich musste meinen Mann stehen«, hatte sie einmal lakonisch mit Blick auf ihr Nachkriegsleben formuliert: »Ich musste weiter und habe mich daran gewöhnt.«[133] Er war ein Leben mit einem unwiederbringlichen Verlust, aber auch ein Leben aus der Gewissheit heraus, dass Verlust Gewinn bedeuten kann.

Stauffenbergs Lebensweg brach abrupt ab – so wie derjenige der meisten seiner Freunde und Kameraden im Widerstand. Die Todesurteile des Volksgerichtshofs ergingen in der Zeit vom 8. August 1944 bis zum 20. April 1945. Einzelne Morde von SS-Männern an führenden Regimegegnern, so an Karl-Ludwig von und zu Guttenberg, Albrecht Graf Bernstorff und Albrecht Haushofer, wurden zwischen dem 22. und 24. April 1945 verübt. Bloße Zahlen vermögen nicht auszudrücken, welchen Verlust Deutschland in dieser Zeit erlitten hat. Sie alle standen in der Bundesrepublik nicht mehr zur Verfügung und wurden schmerzlich vermisst. Über 140 Hinrichtungen gab es im Zusammenhang mit dem 20. Juli. In einigen Fällen – so bei Adam von Trott, der am 15. August zum Tode verurteilt, aber erst am 26. August hingerichtet wurde – erfolgte der Aufschub der Vollstreckung ganz offenkundig, weil sich das Regime weitere Auskünfte über die so schwer greifbaren Vorgänge erhoffte und die irrlichternde Phantasie entwickelte, die Auslandskontakte der Verschwörer könnten helfen, um in allerletzter Minute einen Separatfrieden mit den Westmächten und eine gemeinsame Wendung gegen die Sowjetunion zu vollziehen. Und oftmals ereigneten sich in der Haft menschliche Tragödien. Carl Friedrich Goerdeler etwa, der einstige Leipziger Oberbürgermeister, versuchte durch eine Vielzahl von Memoranden sich selbst für Verhandlungen mit den Westmächten zu qualifizieren und redete ohne Absicht durch seine Auskunftsfreudigkeit gegenüber der Gestapo nicht wenige seiner Mitstreiter um Kopf und Kragen.

Die Mehrzahl der Angehörigen des 20. Juli stand nach 1945 nicht zur Verfügung. Die Überlebenden des 20. Juli haben in der Bundesrepublik in keiner Partei zusammengefunden. Sie blieben Unzeitgemäße, die sich von der Mehrheit ihrer Zeitgenossen missverstanden und von den schwierigen Debatten über den 20. Juli in der unmittelbaren Nachkriegszeit in ihrem skeptischen Urteil über die demokratische Reife Deutschlands bestätigt fühlten. Theodor Steltzer, der Kreisauer, der zu den Mitbegründern der CDU in Schleswig-Holstein gehörte und 1946/47 für sieben Monate erster Ministerpräsident seines Landes war, zitiert in seinen Lebenserinnerungen einen führenden Bonner Politiker mit den Worten: »Hören Sie doch auf mit dem Quatsch vom 20. Juli.«[134] Steltzer sprach in der Nachkriegszeit von einem Gefühl von »wachsender innerer Abwehr« gegen die Feiern zum 20. Juli. »Alles jetzige Bemühen, den Tag mit Feiern, Fahnen und Reden zu begehen, kann doch nicht darüber hinwegtäuschen, dass es in der Bundesrepublik von Anfang an an einem ehrlichen, verpflichtenden Bekenntnis zum Erbe des Widerstands gefehlt hat.«[135] Andere Männer des Widerstands wie der bayerische Justizminister Josef Müller (»Ochsensepp«) verwickelten sich in Widersprüche im Umgang mit der historischen Wahrheit und mussten daraufhin zurücktreten. Wieder andere, wie der damalige Präsident des Bundesamtes für Verfassungsschutz, Otto John, der just am zehnten Jahrestag des 20. Juli von einem Teil Deutschlands in den anderen überlief, kamen mit der politischen Wirklichkeit des Kalten Krieges nicht zurecht oder wurden innerparteilich marginalisiert, wie Jakob Kaiser, dessen Plädoyer für ein Deutschland als Mitte und Brücke zum Osten im Gegensatz zu Konrad Adenauers konsequenter Politik der Westintegration stand. Eugen Gerstenmaiers Weg in der Bundesrepublik führte ins dritthöchste Staatsamt: Von 1954 bis 1969 war er Präsident des Deutschen Bundestags. Doch auch er kannte, wie er in seinen Memoiren schrieb, jenes Gefühl der Einsamkeit und »Vergeblichkeit, das mich auch im Trubel lauter Tage und strenger Arbeit immer wieder überkam«.[136] »Nichts konnte schlimmer sein, als alle Freunde zu verlieren und allein übrigzubleiben«, hat Marion Gräfin Dönhoff einmal im Rückblick auf den 20. Juli formuliert.[137] Wer sich näher mit Stauffenberg und den anderen Angehörigen des Widerstands befasst oder mit ihnen zusammentrifft, der bekommt eine Ahnung von jenem Zauber der Freundschaft, der den Zusammenhalt auch in den dunklen Tagen begründete und der fortlebt in der Trauer um den Verlust einiger der Besten der Nation.

Ist jenes große Umsonst wirklich das Fazit des verborgenen Kampfes gegen Hitlers »Drittes Reich«? Dies ist die Zentralfrage nach Stauffenbergs Erbe an die Gegenwart. Politisch und militärisch war der deutsche Handlungsspielraum im Sommer 1944 mehr als eng. Die Niederlage war unvermeidlich, ein freies Optieren zwischen Ost und West nicht mehr möglich. Auch Stauffenberg wäre nach gelungenem Attentat keine andere Möglichkeit mehr geblieben, als den Krieg durch rasche Kapitulation zu liquidieren. Die Aufteilung Deutschlands in verschiedene Besatzungszonen war zum Zeitpunkt des Attentats für die kommenden Siegermächte bereits beschlossene Sache. Dennoch ist das Attentat, das vor 65 Jahren scheiterte, aus der europäischen Geschichte nicht mehr wegzudenken. Die Männer des 20. Juli bezahlten ihr Eintreten für ihr Vaterland und gegen das Unrechtsregime mit dem Leben. Sie wurden zum Symbol der »guten Deutschen«, die in den dunklen Jahren der Tyrannei der totalitären Versuchung widerstanden hatten. Der Attentäter Stauffenberg und seine Mitverschwörer wollten immer beides: Handeln und Zeugnis ablegen. In ihrem Handeln sind sie auf der ganzen Linie gescheitert. Doch durch ihr mit dem Leben bezahltes Bekenntnis zu einem anderen Deutschland haben sie wesentlich dazu beigetragen, dass die Bundesrepublik nach dem verlorenen Krieg relativ rasch in den Kreis der freien Demokratien der westlichen Welt zurückfinden konnte. Deutschland, der Gegner von einst, wurde zum Partner des Westens, der in der europäischen Nachkriegsgeschichte eine wichtige Funktion zu erfüllen hatte. Dies allein mit der politischen Frontstellung des Kalten Krieges erklären zu wollen, würde zu kurz greifen. Der 20. Juli verlieh der noch jungen Bundesrepublik moralische Legitimität. Als Aufstand des Gewissens ermöglichte er den Anschluss an ältere, positive Kontinuitätsstränge der deutschen Geschichte und widerlegte die Vansittart'sche These, dass die Neigung zur Tyrannei und zur aggressiven Expansion im deutschen »Nationalcharakter« angelegt sei und die deutsche Geschichte seit Luther über Friedrich den Großen, Bismarck und Bethmann Hollweg geradewegs auf Hitler zulaufe. Die skeptische Frage des angelsächsischen Auslands in den ersten Nachkriegsjahren lautete denn auch: »Was there an other Germany?« Erst allmählich setzte sich die Überzeugung durch, dass es in Deutschland damals auch dieses andere, Stauffenbergs »geheimes Deutschland« gab, das dem totalitären Regime widerstanden hatte. Ohne die Tat des Obersten Stauffenberg würden wir uns heute nicht mit gleicher Wirkungsmacht an den deutschen Widerstand gegen Hitler erinnern.

Mit ihrer Entscheidung, sich bei ihren geheimen Kontaktversuchen an die Westmächte zu wenden, hatten die Männer des Widerstands gewissermaßen die außenpolitische Grundoption der Bundesrepublik vorweggenommen. Heute gehört das Ritual der alljährlichen Gedenkfeiern für die Opfer des 20. Juli in der Hinrichtungsstätte Berlin-Plötzensee und im Bendlerblock, der Befehlszentrale der Verschwörer und heute Berliner Amtssitz des Bundesministers der Verteidigung, zur politischen Kultur der Bundesrepublik. Konrad Adenauer, der erste Kanzler der zweiten Republik, war kein Mann des Widerstands. Er war alles andere als eine Verschwörernatur und stand zeitlebens den Männern des 20. Juli mit skeptischer Distanz gegenüber. Doch deren zentrales Anliegen war auch sein politisches Leitmotiv: Die Deutschen, die durch das in den Jahren 1933–1945 geschehene Unrecht niedergedrückt waren, sollten wieder einen Grund zum Stolz haben. Der amerikanische Publizist Carl Sulzberger hatte diese Lehren des 20. Juli bereits 1946 in einem in der *New York Times* erschienenen Artikel zutreffend auf den Punkt gebracht: »If the Germans are to learn to want freedom, then the men of the resistance will not have died in vain.«[138] Das andere Deutschland des Widerstandes war ein bewusstes Gegenmodell zum Hitlerstaat. Ähnlich dem biblischen Gleichnis vom Weizenkorn, das sterben muss, um Frucht zu bringen, war die Tat Stauffenbergs ein in die Zukunft gerichtetes Zeichen der Hoffnung. Sie fand Eingang in die Schulbücher, Kasernen der Bundeswehr wurden nach dem Attentäter benannt, zahlreiche Fernsehfilme und jetzt ein Kinofilm schilderten mehr oder weniger authentisch den Ablauf der fehlgeschlagenen Erhebung. Der Dreiklang Graf Stauffenberg, Weiße Rose und Bischof Graf Galen bestimmt bis heute das landläufige Bild vom Widerstand. Bereits am zehnten Jahrestag des 20. Juli hatte der damalige Bundespräsident, Theodor Heuss, ein Recht auf Widerstand gefordert und sich dabei auf Schillers von den Nationalsozialisten aus den Lehrplänen der Schulen entfernten *Wilhelm Tell* berufen. Es ist eine Laune der Geschichte, dass einst, am Stuttgarter Eberhard-Ludwigs-Gymnasium, die Worte Stauffachers, eines der Männer des Rütlischwurs, von einem Pennäler gesprochen wurden, für den sie selbst einmal schicksalbestimmend geworden sind: Claus Stauffenberg.

> *»Nein, eine Grenze hat Tyrannenmacht,*
> *Wenn der Gedrückte nirgends Recht kann finden,*
> *Wenn unerträglich wird die Last – greift er*
> *Hinauf getrosten Mutes in den Himmel –*
> *Und holt herunter seine ew'gen Rechte,*
> *Die droben hangen unveräußerlich*
> *Und unzerbrechlich wie die Sterne selbst.«*

(Friedrich Schiller, Wilhelm Tell, 2. Aufzug, 2. Szene)

Vierzehn Jahre nach Heuss, 1968, nahm der Deutsche Bundestag das Recht auf Widerstand ins Grundgesetz auf: »Gegen jeden, der es unternimmt, diese Ordnung zu beseitigen, haben alle Deutschen das Recht zum Widerstand, wenn andere Abhilfe nicht möglich ist«, heißt es seitdem in Artikel 20. Fabian von Schlabrendorff, Überlebender des 20. Juli und zu jener Zeit Richter am Bundesverfassungsgericht, hatte im Rückblick diese Entscheidung als »politisch instinktlos« bezeichnet. Widerstand bedürfe keiner rechtsstaatlichen Weihe. Hausbesetzer, Atomgegner und Pazifisten führen seitdem gerne das Wort vom Widerstand im Mund, wenn sie gegen die bestehende politische Ordnung protestieren, und meinen doch Verschiedenes von dem, worum es den Männern des 20. Juli gegangen war: die Beseitigung eines verbrecherischen Regimes und die Wiederherstellung des Rechts.

Das Verhältnis zum Staat, das schwierige Verhältnis zur eigenen Geschichte hat die Debatten über den 20. Juli nicht unberührt gelassen, die seit jeher Reflex ihrer jeweiligen politischen Gegenwart sind. Kalter Krieg und Deutsche Frage, die großen Diskussionen der Nachkriegszeit über Wiederbewaffnung, Westintegration, Notstandsgesetzgebung, Verjährung und »Vergangenheitsbewältigung« spiegeln sich wider in den Stufen und Phasen der Erforschung des Widerstands gegen Hitler. In den 1960er Jahren setzte eine vornehmlich von der jüngeren Historikergeneration getragene Kritik an den als rückwärtsgewandt bezeichneten gesellschaftspolitischen Vorstellungen der Männer des 20. Juli ein. Können Reaktionäre von gestern Vorbilder für morgen sein? Wer so fragt, vergisst, dass das Attentat vom 20. Juli am Ende eines schwierigen, von inneren Anfechtungen, Missverständnissen und Neuaufbrüchen geprägten Weges steht. Viele Diskussionen über die gesellschaftspolitischen Vorstellungen der deutschen Opposition gegen Hitler, über die Rivalitäten zwischen der fortschrittlichen Gruppe der »Jüngeren«, der Kreisauer um Trott, Moltke und Haeften, die einen radikalen Neuanfang befürworteten, und der Gruppe der »Älteren«, der Honoratioren um Beck, Goerdeler und Hassell, die ein mehr konservatives Staatsverständnis hatten und für ein an der Machtpolitik orientiertes Handeln Deutschlands plädierten, muten eher akademisch an. Von den Verfassungsplänen Goerdelers und den Selbstverwaltungsplänen der Kreisauer wurde in der Bundesrepublik kaum etwas verwirklicht. Andere Vorstellungen, wie Dezentralisierung und Föderalismus, gingen indes ins Bonner Grundgesetz ein. Doch jenseits der Debatten um Kabinettslisten und Verfassungspläne ging es den Widerständlern grundsätzlich nur um eine, die entscheidende Frage: für oder gegen Hitler? Das erste Gebot des Widerstandes lautete in den Worten des Verbindungsmanns des Auswärtigen Amts beim Oberkommando des Heeres, Hasso von Etzdorf: »Der Kerl muss weg.« Für alles andere wäre danach noch genügend Zeit gewesen.

Bereits im Frühjahr 1944 hatte Ernst Jünger zutreffend erkannt, dass die moralische Substanz zum Zuge dränge und nicht die politische. Am Ende stand indes die Tat, die Zeugnis ablegte von der Auflehnung einer kleinen Gruppe gegen den nationalsozialistischen Totalitätsanspruch und seine innerweltliche Heilslehre vom neuen Menschen. Sie sind in ihrem Handeln gescheitert, aber sie haben Maßstäbe gesetzt, indem sie auf der Grundlage hoher moralischer Maßstäbe und unter Einsatz ihres Lebens handelten. Von Stauffenbergs Weggefährten Henning von Tresckow ist der Satz überliefert: »Der sittliche Wert eines Menschen beginnt erst dort, wo er bereit ist, für seine Überzeugungen das Leben hinzugeben.« Und deshalb können sie Vorbilder für heute sein. Der Mensch in seiner Gegenwart, in seinen Widersprüchen und in der Freiheit, sich für oder gegen etwas zu entscheiden, stand für sie im Zentrum. Die Tat Stauffenbergs vom 20. Juli 1944 war ein befreiendes Zeichen, das zur moralischen Legitimation der Bundesrepublik entscheidend beitrug und als positiver Anknüpfungspunkt diente. Ernst Reuter hat diese Bedeutung Stauffenbergs schon 1953 bei der Einweihung des Scheibe-Denkmals im Innenhof des Bendlerblocks ausgesprochen: »Der 20. Juli war das erste sichtbare, weithin wirkende Fanal, das der Welt zeigte, dass in Deutschland der Wille zur Freiheit, der Wille zum eigenen Leben nicht untergegangen war.«[139] Jenes »falsch und zu spät«, das damals noch laut vernehmbar war, klingt heute leiser, auch wenn die Kritik an Stauffenberg und dem 20. Juli noch immer nicht gänzlich verstummt ist.

Die Geschichtsschreibung ist stets im Fluss. Der Blick auf frühere Ereignisse wandelt sich, und damit verändert sich die Geschichte selbst. Die Anzeichen mehren sich, dass heute so etwas wie eine Tradition des Widerstands entsteht. Die Bundeswehr hat sich früh schon in die Tradition des 20. Juli gestellt. 1961 wurde in Sigmaringen eine Kaserne nach Stauffenberg benannt. Alljährlich wird die zentrale Gedenkveranstaltung der Bundesrepublik Deutschland und des Berliner Senats im Innenhof des Bendlerblocks abgehalten. Und seit zehn Jahren findet am 20. Juli in Berlin ein öffentliches Gelöbnis statt, um die Verbindung der Streitkräfte in der Demokratie mit den Menschen um Claus Graf Stauffenberg zu unterstreichen. Geschichtliches Wissen kann verloren gehen, und es muss deshalb von jeder Generation aufs Neue erworben werden, vor allem, wenn es mit ganz unmittelbaren Lehren für die Lebenden verbunden ist. In den letzten beiden Jahren sind die Deutschen Stauffenberg zweifelsohne näher gekommen. Dabei fällt ein eigentümliches Spannungsverhältnis von Faszination und Ferne auf: Faszination, weil Stauffenberg mit der Unbedingtheit seines Einsatzes, durch die Absolutheit, mit der er Hitler entgegentrat, als jugendlicher Held nichts von seiner Strahlkraft eingebüßt hat, weil seine Maßstäbe bis heute gelten. Ferne, weil Stauffenbergs Lebenswelt, sein Ethos, seine Unbedingtheit, sein Patriotismus, auch seine Gedankenwelt unendlich weit von unserem Heute entfernt scheinen. Stauffenberg und seine Freunde waren weit mehr als bloße Antipoden Hitlers. Marion Gräfin Dönhoff hat auf die übergeordnete Bedeutung ihres Einsatzes hingewiesen: »Ihr Kampf ist neben der aktuellen Bedeutung für das Zeitgeschehen unserer Tage auf einer höheren Ebene der Versuch gewesen, das 19. Jahrhundert geistig zu überwinden.«[140] Für die jüngeren Generationen von heute ist Stauffenberg genauso Geschichte, wie es auf ihre Weise Bismarck und Metternich sind. Und trotzdem ist es eine Geschichte, die immer noch in die Gegenwart hineinragt. Auch daraus erwächst Spannung. Das Vermächtnis Stauffenbergs gilt fort. Wenn jetzt mit dem zeitlichen Abstand Stauffenberg den Deutschen näherrückt, weist dies darauf hin, dass er auch ein zeitgemäßer Held ist.

Wegweiser durch die Stauffenberg-Literatur

Zu den Schwierigkeiten, die seit jeher für die Darstellung der Geschichte des deutschen Widerstands bezeichnend sind, gehört die Frage nach der Quellengrundlage. Denn naturgemäß können die Zeugnisse über die Herausbildung und die Pläne einer Konspiration quellenmäßig nur spärlich vorhanden sein. Die Überlegungen der Verschwörer, die mit ihrem Leben bezahlten, lassen sich deshalb oftmals nur bruchstückhaft rekonstruieren. Dies trifft auch auf Stauffenberg und die Männer und Frauen des 20. Juli zu. »Nichts Schriftliches von Politik«[141] war die Maßgabe Hans Bernd von Haeftens in den Briefen mit seiner Frau Barbara. Und auch Stauffenberg hatte es seit den 1930er Jahren vermieden, Briefe zu schreiben oder Material zu Hause aufzubewahren, das seiner Familie hätte gefährlich werden können.[142] Carl Friedrich Goerdeler mit seiner Neigung zur Niederschrift von umfassenden Plänen zur Nachkriegsordnung oder von Kabinettslisten − die vielen Gefährten in der Verschwörung zum tödlichen Verhängnis wurde −, und Ulrich von Hassell, der bis zum Schluss ein freimütig-aufschlussreiches Tagebuch − das Gott sei Dank unentdeckt blieb − führte, sind dabei die Ausnahme. Von Claus von Stauffenberg gibt es kaum nachgelassene Papiere. Zeugnisse politischen Inhalts, die am 20. Juli 1944 noch existierten, hat seine Ehefrau Nina unmittelbar danach weitgehend vernichtet. Der Rest wurde von der Geheimen Staatspolizei im Lautlinger Herrenhaus der Familie Ende November 1944 beschlagnahmt und verbrannte wahrscheinlich bei einem Bombenangriff auf Nürnberg.[143] Eine wahre Odyssee haben die Korrespondenzteile genommen, die die Freundschaft der Gebrüder Stauffenberg mit

Stefan George betreffen. Ein Teil davon gelangte um 1961 zu Robert Boehringer, dem Erben Stefan Georges, nach Genf und Mitte der 1970er Jahre ins Stefan-George-Archiv nach Stuttgart. Einige wenige Zeugnisse aus der militärischen Laufbahn Stauffenbergs sowie Unterlagen aus Kindheit und Jugend, die erhalten geblieben sind, befinden sich heute im Besitz der Erben.

Wenn heute trotzdem von einer einigermaßen befriedigenden Quellenlage gesprochen werden kann, so ist das der Leistung der Pioniere aus der Frühzeit der Stauffenbergforschung zu verdanken, die nach dem Krieg persönliche Zeugnisse von Freunden und Weggefährten in größerem Umfang zusammengetragen haben. Joachim Kramarz hat diese Mitteilungen in seiner Stauffenberg-Biografie[144] ausgewertet, und Eberhard Zeller in seinem Frühwerk *Geist der Freiheit*.[145] Insbesondere Peter Hoffmann und Christian Müller haben später für ihre Forschungen ausführlich auf Befragungen von Zeitzeugen zurückgegriffen und die noch verbliebenen Zeugnisse systematisch gesammelt.[146] Hoffmann spricht in diesem Zusammenhang von über sechzig Briefen von Claus von Stauffenberg sowie von Hunderten von Briefen der Zwillinge Alexander und Berthold.[147] Zudem hat er in seiner 1992 veröffentlichten Stauffenberg-Biografie zentrale Quellen im Anhang publiziert, darunter wichtige Briefe sowie einen quellenkritischen Exkurs über Stauffenbergs »Schwur« von 1944. Die Existenz des »Schwures« wurde von Alexander von Stauffenberg erstmals 1947 bestätigt. Dieser »Schwur« wurde bereits 1952 von Eberhard Zeller sowie 1964 von Alexander von Stauffenberg in leicht abgewandeltem Wortlaut im Gedicht *Vorabend* veröffentlicht, doch erst Hoffmann hat ihn vollständig als Faksimile mit den handschriftlichen Änderungen Claus von Stauffenbergs abgedruckt. Eine weitere wichtige Quelle aus der Familie Stauffenberg ist ein Erinne-

rungsbericht der Mutter der Gebrüder Stauffenberg, Caroline, von 1944/45, der in Auszügen bei Hans Bentzien und jetzt
auch bei Konstanze von Schulthess veröffentlicht ist.[148] Das
Porträt Nina Schenk Gräfin von Stauffenbergs aus der Feder
ihrer Tochter Konstanze ist als Quellenzeugnis auch deshalb
bemerkenswert, weil darin ausführlich aus den unveröffent-
lichten, im Privatbesitz der Familie befindlichen Aufzeichnungen der Witwe[149] zitiert wird. Dieser Erinnerungsbericht
bildet neben einem Interview mit Dorothee von Meding[150]
die einzige ausführliche Äußerung Nina von Stauffenbergs
über ihren Mann und die Ereignisse am 20. Juli.

Die fortschreitende und mit der zeitlichen Entfernung
zu den Ereignissen des 20. Juli sich intensivierende Widerstandsforschung hat seitdem eine Reihe von Quellen zutage
gefördert, die häufig auch Stauffenbergs Persönlichkeit und
sein Handeln betreffen. Zuerst zu nennen – und zugleich
am problematischsten – sind in diesem Zusammenhang die
Niederschriften der Verhöre der vor dem Volksgerichtshof
angeklagten Verschwörer, die sogenannten Kaltenbrunner-
Berichte[151]: eine außerordentlich wichtige Quelle, weil sie
die Rekonstruktion der Abläufe und Beziehungsgeflechte
in unmittelbarer zeitlicher Nähe zum Gegenstand haben,
und problematisch, weil ihr Quellenwert durch die einsei-
tige Sichtweise der Täter auf die Opfer eingeschränkt und
die in ihnen gegebene Sicht naturgemäß eine verzerrende
sein muss. Es versteht sich weiterhin, dass die zentralen Tagebücher und Erinnerungsberichte aus der ersten Reihe des
»Dritten Reiches« – insbesondere die *Goebbels-Tagebücher* und
die Erinnerungen von Albert Speer – ebenfalls wertvolle
Aufschlüsse über die Ereignisse des 20. Juli (und damit über
Stauffenberg) aus der Sicht des Regimes vermitteln.[152] Eine
wichtige Quelle sind auch die Memoiren und Berichte der
Weggefährten, etwa die Erinnerungen von Rudolf-Chris-

toph von Gersdorff, Kunrat von Hammerstein-Equord, Hans von Herwarth, Adolf Heusinger, Otto John, Ferdinand Prinz von der Leyen, Ulrich de Maizière, Hans Speidel, Alexander Stahlberg und Walter Warlimont.[153] In gleichem Maße trifft diese Einschätzung auch auf die nachgelassenen Papiere und Aufzeichnungen der Angehörigen des Kreisauer Kreises zu, soweit Stauffenberg mit ihnen in unterschiedlich enger Beziehung stand: allen voran die veröffentlichten Quellen von Adam von Trott und die umfangreichen Briefe und Dokumente, die von Helmuth James von Moltke in edierter Form vorliegen.[154] Mit Blick auf die Angehörigen des zivilen Widerstands ist vor allem die Edition über Carl Friedrich Goerdeler[155] zu nennen; bei den Quellen zum militärischen Widerstand bleibt der Katalog zur Wanderausstellung des Militärgeschichtlichen Forschungsamtes, »Aufstand des Gewissens«, von hervorgehobener Bedeutung.[156]

Am Anfang war der Name Stauffenberg »nicht viel mehr als eine Formel«. Karl Josef Partsch, der in seinem frühen Literaturbericht[157] zu dieser Einschätzung gelangt war, begründete dies damit, dass zum Zeitpunkt des Attentats die offizielle Propaganda den Täter zum Angehörigen einer machtgierigen Offiziersclique abgestempelt hatte und nach Kriegsende die Besatzungsmächte keine Notwendigkeit sahen, diese Fehldeutung zu korrigieren. Und diejenigen unter den Deutschen, die es besser wussten, waren in der Minderheit. Erst allmählich wurde ihre Stimme nach Kriegsende vernommen. Auf die Praxis der Alliierten bei der Vergabe von Drucklizenzen ist es zurückzuführen, dass die ersten Schilderungen der Zeitgenossen vom »anderen Deutschland« im Ausland erschienen: Fabian von Schlabrendorffs Aufzeichnung *Offiziere gegen Hitler,* die Gero von Gaevernitz herausgegeben hatte, die Tagebücher Ulrich von Hassells und Allen Dulles' Bericht *Germany's underground* stehen für diese frühen

Zeugnisse. Auch die ersten Überblicksdarstellungen, Rudolf Pechels *Deutscher Widerstand* und Hans Rothfels' Bilanz *The German opposition to Hitler,* waren Veröffentlichungen, die der deutschen Widerstandsbewegung und Stauffenberg eine frühe und gerechte Würdigung zuteil werden ließen.[158] Das Bild Stauffenbergs als »sittlicher Kämpfer« hob sich in diesen frühen Zeugnissen wohltuend vom Zerrbild der nationalsozialistischen Propaganda ab. Doch auch nach Kriegsende drangen schon bald Stauffenberg-kritischere Stimmen durch, die ihn als Wirrkopf und außenpolitischen Phantasten beschrieben. Maßgeblich ist diese Sicht von Hans Bernd Gisevius[159] vorbereitet worden. Und bereits 1951 wurde die auf dem Hörensagen beruhende Legende verbreitet, Stauffenberg sei am Tag der nationalsozialistischen »Machtergreifung« an der Spitze einer nationalsozialistischen Kundgebung begeistert durch die Straßen Bambergs gezogen.[160] Diese – falsche – Behauptung hat sich lange halten können. Letztlich ist es vor allem der Pionierleistung von Christian Müller zu verdanken, dass diese Behauptung heute als von der Forschung widerlegt betrachtet werden kann.

Dieser Stauffenberg-kritischen Sicht standen die aus der persönlichen Erfahrung gespeisten und von freundschaftlichen Gefühlen getragenen Erinnerungen von Karl Michel, das frühe Porträt aus der Feder des Bruders Alexander und vor allem Eberhard Zellers hymnische Verneigung vor den Männern und Frauen des 20. Juli gegenüber.[161] Zeller, im Hauptberuf Allgemeinmediziner, der dieselbe Schule wie Stauffenberg besucht hatte und mit dessen Weggefährten Fahrner eng befreundet war, hat viele Jahrzehnte später, 1994, seinem Helden eine mit großem Einfühlungsvermögen und viel Sympathie geschriebene Biografie gewidmet.[162] Rudolf Fahrner, der Freund Stauffenbergs, ist in beiden Werken Zellers Hauptquelle, ohne dass dies immer im Text ausgewiesen wird. Zellers frühes Eintreten für ein positives Stauffenberg-Bild bildete ein bewusstes Gegengewicht zu den damals noch weithin verbreiteten Versuchen, Stauffenberg zu einem frühen Sympathisanten der Nationalsozialisten zu stempeln. Mit diesem Geschichtsbild hängt auch zusammen, dass zu einer Zeit, als Gerhard Ritter bereits seine große Goerdeler-Biografie[163] vorgelegt hatte, Stauffenberg noch immer auf eine angemessene biografische Würdigung warten musste. Dies änderte sich allerdings schon bald darauf, als Anfang der 1960er Jahre in der deutschen Gesellschaft eine intensivere Auseinandersetzung mit dem Dritten Reich einsetzte, von der auch die Beschäftigung mit Stauffenberg profitierte. Das von zahlreichen persönlichen Zeugnissen lebende Porträt Stauffenbergs von Joachim Kramarz[164], beinahe schon eine Art Materialsammlung, ist ganz vom Geist der frühen Würdigungen geprägt. Im Jahr davor hatte Bodo Scheurig in der Reihe »Köpfe des XX. Jahrhunderts« des Colloquium-Verlages auf gedrängtem Raum eine dichte und einfühlsame Deutung Stauffenbergs geleistet.[165] Beide Urteile haben bis heute Bestand. In den 1960er Jahren fing auch die marxistische Geschichtswissenschaft in der DDR an, Stauffenberg zu entdecken und zu vereinnahmen, und zwar mit den Arbeiten von Melnikow[166] und der biografischen Würdigung von Finker[167]. Meilensteine in der Stauffenberg-Forschung waren dann Peter Hoffmanns Standardwerk *Widerstand, Staatsstreich, Attentat* und die fulminante, bis heute maßgebliche Biografie von Christian Müller, die etwa zeitgleich erschienen. In den 1980er Jahren, vor allem im Zusammenhang mit dem 40. Jahrestag des 20. Juli 1984 und der Entscheidung für eine gemeinsam vom Berliner Senat und der Bundesregierung getragene Gedenkstätte Deutscher Widerstand im Berliner Bendlerblock, verdichtete sich das Interesse an Stauffenberg und dem deutschen Widerstand. Dies führte nicht nur zur Veröffentlichung zahlreicher Quelleneditionen und Monografien zu Einzelaspekten der Widerstandsforschung, sondern auch zu weiteren biografischen Arbeiten über Stauffenberg. Insbesondere Wolfgang Venohr hat mit seiner patriotischen Deutung Stauffenbergs als gesamtdeutsche Figur und Symbol der deutschen Einheit im Jahre 1986 Weitsicht und Treffsicherheit im Urteil bewiesen.[168] Mag Venohr mit seiner Deutung zum Zeitpunkt der Veröffentlichung von der Kritik noch belächelt worden sein – denn nie war das Ziel der Wiedervereinigung aus dem Bewusstsein der Deutschen weiter entrückt als in den Jahren unmittelbar vor dem Fall der Mauer – , so wurde er durch die Ereignisse der Jahre 1989/90 bestätigt.

Es mag auf den ersten Blick verwundern, dass sich gerade in der Figur Stauffenbergs zwei so unterschiedliche Sichtweisen wie diejenige der DDR-Geschichtsschreibung und die konservativ-national-westdeutsche treffen und ihn jeweils für ihre Sicht der deutschen Geschichte in Anspruch nehmen sollten. Eine Erklärung dafür muss bei den außergewöhnlichen Zügen der Person ansetzen, dem Mut und der inneren Konsequenz, die ihn zur Tat befähigten. Dieses Urteil ist um so erstaunlicher, als in den Anfängen der Bundesrepublik Stauffenberg nicht einmal in Deutschlands Westen einvernehmlich eine nationale Identifikationsfigur gewesen ist, er seit der Wiedervereinigung jedoch genau in diese Rolle eines gesamtdeutschen Helden aufzurücken scheint. In jedem Fall steigt das Interesse an Stauffenberg seit der Wiedervereinigung und mit dem zeitlichen Abstand zu den Ereignissen des 20. Juli 1944 kontinuierlich. Peter Hoffmann hat mit seiner großen und für die Stauffenberg-Forschung bis heute maßgeblichen Biografie der Brüder dafür das Fundament gelegt.[169] Aus den seitdem veröffentlichten, in erster Linie biografisch orientierten Arbeiten über Stauffenberg sind Harald Steffahns rororo-Monografie, Hans Bentziens Buch, die Kurzporträts von Peter Hoffmann und Peter Steinbach, der aus einer Stuttgarter Stauffenberg-Gedächtnisvorlesung hervorgegangene kluge Essay von Hartmut von Hentig[170], aber auch die an entlegenem Ort veröffentlichten Erinnerungen des Fahrers[171] von Stauffenberg sowie, aus einer früheren Zeit, zwei sehr dichte Porträts in Sammelbänden über den 20. Juli – aus der Feder von Walter Bußmann (1984) und, wiederum, Peter Hoffmann (1992) – zu nennen. [172] Auch im öffentlich-rechtlichen Fernsehen war das Interesse an Stauffenberg groß. Zu den beiden großen Fernsehdokumentationen der letzten Jahre in der ARD (2004) sowie im ZDF (2009) ist jeweils auch ein Begleitband erschienen.[173] Und auch das Interesse an den Lebenswegen von Stauffenbergs Brüdern – genannt sei die Tübinger Dissertation von Alexander Meyer über Berthold Schenk Graf von Stauffenberg und die Fragment gebliebene Würdigung Alexander Schenk Graf von Stauffenbergs aus der Feder des unlängst verstorbenen Althistorikers und Kollegen Alexander Stauffenbergs, Karl Christ, – steht im Zusammenhang mit der »Stauffenberg-Renaissance« der letzten Jahre.[174] Die jüngste Veröffentlichung von Tobias Kniebe, die im Umfeld des Hollywood-Spektakels *Operation Walküre* erschienen ist, ist ganz im Stil eines Drehbuchs gehalten und rekonstruiert minutiös die dramatischen Abläufe, entfernt sich allerdings in seiner auf den Effekt zielenden Darstellung von der herkömmlichen Form wissenschaftlichen Arbeitens.[175]

Jede Biografie über Stauffenberg muss die Ergebnisse der weitverzweigten Widerstandsforschung genauso miteinbeziehen wie die Erkenntnisse der Arbeiten zur Militär- und Gesellschaftsgeschichte.[176] Stauffenbergs Leben umspannte gerade einmal knapp 37 Jahre. Genau die Hälfte davon, 18 Jahre, war Stauffenberg Soldat. Die Forschungen über die Reichswehr am Übergang von der Weimarer Republik zum

Dritten Reich[177], die Frage nach der Rolle der Wehrmacht im Hitler-Staat[178] sowie die Geschichte des Zweiten Weltkriegs von 1939 bis 1944 bilden deshalb naturgemäß den Schwerpunkt.[179] Sowohl mit Blick auf die Wehrmacht als auch den Zweiten Weltkrieg – etwa durch das jetzt abgeschlossene Reihenwerk des Militärgeschichtlichen Forschungsamtes mit dem Titel *Das Deutsche Reich und der Zweite Weltkrieg* – ist unser Wissen über die deutsche Militärgeschichte entscheidend vorangebracht worden.[180]

Für die Auslandskontakte Stauffenbergs und der deutschen Opposition sind nach wie vor die Forschungen von Hoffmann und Klemperer[181] heranzuziehen, für unsere heutigen Kenntnisse einzelner Akteure aus dem militärischen und dem zivilen Widerstand bleiben die biografischen Arbeiten von Bodo Scheurig über Henning von Tresckow, von Klaus-Jürgen Müller über Ludwig Beck, von Dorothee Beck über Julius Leber und von Michael Balfour, Julian Frisby und Freya von Moltke über Helmuth James von Moltke erhellend.[182] Stauffenbergs Lebensweg kann hiervon ebenso wenig losgelöst betrachtet werden, wie seine Biografie ohne besondere Berücksichtigung des Verhältnisses zu Stefan George hinreichend erfasst würde. Und auch hier sind gerade in den letzten Jahren deutliche Erkenntnisfortschritte erzielt worden: In erster Linie sind in diesem Zusammenhang Thomas Karlaufs grundlegende Biografie, aber auch die Arbeiten von Manfred Riedel und Werner Bräuninger zu nennen.[183] Als Fazit für die bisherige Beschäftigung mit Claus von Stauffenberg wie auch derjenigen mit seinen Mitstreitern im Kampf der deutschen Opposition gegen Hitler kann deshalb die Erkenntnis gelten, die Thomas Carlyle bereits 1830 in *Fraser's Magazine* formuliert hat: »History is the essence of innumerable biographies.«[184]

Anmerkungen

[1] Aufzeichnung Marion Gräfin Dönhoff, Brunkensen, Juli 1945, Institut für Zeitgeschichte München (IfZ), Sammlung Zeller, ED 88/1.

[2] Zit. nach Alexander Schenk Graf von Stauffenberg, Denkmal, hg. von Rudolf Fahrner, Düsseldorf, München 1964, S. 23.

[3] Karl Fischer, Ich fuhr Stauffenberg. Erinnerungen an die Kriegsjahre 1939– 1945, hg. von Ursula und Ulrich Fischer, Angermünde 2008, S. 90.

[4] Adolf Heusinger, Befehl im Widerstreit. Schicksalsstunden der deutschen Armee 1923–1945, Tübingen 1957, S. 352ff.

[5] Walter Warlimont, Im Hauptquartier der deutschen Wehrmacht 1939–1945. Grundlagen – Formen – Gestalten, Frankfurt/Main 1964, S. 472.

[6] Heusinger, Befehl im Widerstreit (wie Anm. 4), S. 353.

[7] Ebd.

[8] Herbert Büchs, in: Johannes Steinhoff, Peter Pechel und Dennis Showalter (Hgg.), Deutsche im Zweiten Weltkrieg. Zeitzeugen sprechen, München 1989, S. 493f.

[9] Nicolaus von Below, Als Hitlers Adjutant 1937–1945, Mainz 1980, S. 381.

[10] Traudl Junge, Bis zur letzten Stunde. Hitlers Sekretärin erzählt ihr Leben, unter Mitarbeit von Melissa Müller, München ⁶2007, S. 146.

[11] Warlimont, Im Hauptquartier der deutschen Wehrmacht (wie Anm. 5), S. 471.

[12] Fischer, Ich fuhr Stauffenberg (wie Anm. 3), S. 93.

[13] Hans Bernd Gisevius, Bis zum bittern Ende, Zürich 1946, S. 627.

[14] Ewald von Kleist, Ein Solitär, ganz präzise, ganz klar, in: Die Welt vom 27.12.2007.

[15] Ebd.

[16] Ebd.

[17] Zit. nach Kunrat von Hammerstein-Equord, Spähtrupp, Stuttgart 1963, S. 282f.

[18] Eintragung vom 23.07.1944, in: Die Tagebücher von Joseph Goebbels, hg. von Elke Fröhlich, Teil II: Diktate 1941–1945, Bd. 13: Juli –September 1944, München 1995, S. 139f.

[19] Albert Speer, Erinnerungen, Frankfurt/Main, Berlin 1993, S. 395.

[20] Adolf Bernt, Der 20. Juli in der Bendlerstraße, in: Die Gegenwart 11, Nr. 269 (1965), S. 598.

[21] Otto John, Zweimal kam ich heim, Düsseldorf, Wien 1969, S. 166.

22 Eugen Gerstenmaier, Streit und Friede hat seine Zeit, Berlin, Frankfurt/Main, Wien 1982, S. 191.

23 Gisevius, Bis zum bittern Ende (wie Anm. 13), S. 634.

24 Ebd., S. 635.

25 John, Zweimal kam ich heim (wie Anm. 21), S. 166f.

26 Ebd., S. 166.

27 Bernt, Der 20. Juli in der Bendlerstraße (wie Anm. 20), S. 598.

28 Zit. nach Friedrich Georgi, »Wir haben das Letzte gewagt...«. General Olbricht und die Verschwörer gegen Hitler. Der Bericht eines Mitverschworenen, Freiburg 1990, S. 6.

29 Gerstenmaier, Streit und Friede hat seine Zeit (wie Anm. 22), S. 193.

30 Friedrich Georgi, in: Steinhoff, Pechel und Showalter, Deutsche im Zweiten Weltkrieg (wie Anm. 8), S. 497f.

31 Hammerstein-Equord, Spähtrupp (wie Anm. 17), S. 281.

32 Bernt, Der 20. Juli in der Bendlerstraße (wie Anm. 20), S. 599.

33 Ebd.

34 Zit. nach ebd., S. 600.

35 Hitlers Rundfunkrede vom 21.7.1944 gegen 1.00 Uhr: in: 20. Juli 1944. Ein Drama des Gewissens und der Geschichte. Dokumente und Berichte, hg. von der Bundeszentrale für Heimatdienst, bearb. von Hans Royce, Freiburg 1961, S. 162ff.

36 Amtliches Kommuniqué des Großdeutschen Rundfunks vom 20. Juli 1944, in: 20. Juli 1944. Ein Drama (wie Anm. 35), S. 137.

37 Der Ruf »Es lebe das heilige Deutschland« ist von Stauffenbergs Sekretärin Frl. Delia Ziegler bezeugt (Aufzeichnung Wolfgang Müller, o.D., IfZ, Sammlung Zeller ED 88/2); Peter Hoffmann nennt zudem: den Leutnant Wolfram Röhrig (29./30. Juni 1965), die Sekretärin Alix von Winterfeld (30. August 1966) und den Gefreiten Karl Schweizer (18. Juni 1965): Peter Hoffmann, Stauffenberg und seine Brüder, Stuttgart 1992, Fußnote 318, S. 598. Es ist unwahrscheinlich, dass Stauffenberg, wie Edgar Salin vermutet hat, »Es lebe das geheime Deutschland« gerufen hat, auch wenn er Anfang Juli 1944 seinen Schwur im Sinne dieser Vision Stefan Georges von einem Deutschland, das in Zukunft erstehen solle, formuliert hat (vgl. dazu Edgar Salin, Um Stefan George. Erinnerungen und Zeugnis, München, Düsseldorf 1954, S. 324).

38 Hitlers Rundfunkrede vom 21.7.1944 gegen 1.00 Uhr: in: 20. Juli 1944. Ein Drama (wie Anm. 35), S. 162ff.

39 Großadmiral Dönitz an die Männer der Kriegsmarine am 21.7.1944, in: ebd., S. 165.

40 Ernst von Weizsäcker, Memoiren, Wien, Leipzig u. a. 1949, S. 10.

41 Die konfessionellen Bindungen und kirchlichen Beziehungen der Verschwörerclique, 3.10.1944, in: Opposition gegen Hitler und der Staatsstreich vom 20. Juli 1944 in der SD-Berichterstattung, hg.

von Hans-Adolf Jacobsen. Geheime Dokumente aus dem ehemaligen RSHA (zit. als Kaltenbrunner-Berichte), Bd. 1, Stuttgart 1989, S. 435.

[42]   Zit. nach: Hoffmann, Stauffenberg (wie Anm. 37), S. 455.

[43]   Ebd.

[44]   Ebd.

[45]   Walter Bußmann, Claus Schenk Graf von Stauffenberg, in: Rudolf Lill und Heinrich Oberreuter (Hgg.), 20. Juli. Portraits des Widerstands, Düsseldorf ²1995, S. 371.

[46]   Salin, Um Stefan George (wie Anm. 37), S. 12.

[47]   Zit. nach Karl Christ, Der andere Stauffenberg. Der Historiker und Dichter Alexander von Stauffenberg, München 2008, S. 27.

[48]   Zit. nach Hoffmann, Stauffenberg (wie Anm. 37), S. 80.

[49]   Ebd., S. 456.

[50]   Monatsbericht des Chefs der I. Kompagnie des Reichswehr-Infanterie-Regiments 19, Hauptmann Dietl, über den Zustand seiner Truppe, 3.4.1922, abgedruckt in: Quellen zur Geschichte des Parlamentarismus und der politischen Parteien, Zweite Reihe, Bd. 3: Die Anfänge der Ära Seeckt, bearb. von Heinz Hürten, Düsseldorf, 1979, S. 264f.

[51]   Generalmajor von Amsberg an Seeckt, Dresden 20. November 1926, Archivdokument (Nachlass Seeckt), zit. nach Francis L. Carsten, Reichswehr und Politik 1918–1933, Köln, Berlin 1965, S. 234f.

[52]   Ulrich de Maizière, In der Pflicht. Lebensbericht eines deutschen Soldaten im 20. Jahrhundert, Herford, Bonn 1989, S. 27.

[53]   Vgl. Hermann Foertsch, Schuld und Verhängnis. Die Fritsch-Krise im Frühjahr 1938 als Wendepunkt in der Geschichte der nationalsozialistischen Zeit, Stuttgart 1951, S. 22.

[54]   Zit. nach Wolfgang Venohr, Stauffenberg: Symbol der deutschen Einheit. Eine politische Biographie, Berlin 1986, S. 71.

[55]   Zit. nach ebd., S. 75f.

[56]   Hermann Foertsch, Der Offizier der neuen Wehrmacht. Eine Pflichtenlehre, Berlin 1936, S. 12.

[57]   Axel von dem Bussche-Streithorst, Eid und Schuld, in: Göttinger Universitäts-Zeitung Nr. 7 vom 7.3.1947, S. 2.

[58]   Zit. nach Konstanze von Schulthess, Nina Schenk Gräfin von Stauffenberg. Ein Porträt, München, Zürich 2008, S. 70.

[59]   Ebd., S. 75.

[60]   Philipp von Boeselager, Wir wollten Hitler töten. Ein letzter Zeuge des 20. Juli erinnert sich, München 2008, S. 102f.

[61]   Zit nach Joachim Kramarz, Claus Graf Stauffenberg. Der Mann des Widerstands gegen Hitler, München 1994, S. 51.

[62]   Albert Wedemeyer, Wedemeyer Reports!, New York 1958, S. 55.

63 Beurteilung durch Generaloberst Kurt Student, Schreiben vom
    29.10.1964, zit. nach Kramarz, Stauffenberg (wie Anm. 61), S. 52.
64 Rudolf Fahrner, zit. nach Eberhard Zeller, Geist der Freiheit. Der
    zwanzigste Juli, Berlin u. a. 1965, S. 243.
65 Erwin Topf, Klaus [sic] Graf Stauffenberg, in: Die Zeit vom 18.7.1946.
66 Werner Reerink, zit. nach Kramarz, Stauffenberg (wie Anm. 61),
    S. 91.
67 Ferdinand Prinz von der Leyen, Rückblick zum Mauerwald. Vier
    Kriegsjahre im OKH, München 1966, S. 41.
68 Aufzeichnung Dietz von Thüngen, 25.1.1946, IfZ, Sammlung
    Zeller, ED 88/2.
69 von der Leyen, Rückblick zum Mauerwald (wie Anm. 67), S. 16.
70 Franz Halder, Kriegstagebuch, bearb. von H.-A. Jacobsen, Bd. 1,
    Stuttgart 1962, S. 308; Eintragung vom 21.5.1940.
71 Aufzeichnung Dietz von Thüngen, 25.1. 1946 (wie Anm. 68).
72 Ebd.
73 Hans von Herwarth, Zwischen Hitler und Stalin. Erlebte Zeitge-
    schichte 1931–1945, Frankfurt/Main, Berlin, Wien 1982, S. 247.
74 Ebd., S. 246.
75 Stauffenberg an Friedrich Paulus, 12.6.1942, in: Hoffmann, Stauf-
    fenberg (wie Anm. 37), S. 462f.
76 Ebd.
77 Alexander Stahlberg, Die verdammte Pflicht. Erinnerungen
    1932–1945, Berlin 2005, S. 269f.
78 Zit. nach Schulthess, Stauffenberg (wie Anm. 58), S. 78f.
79 Topf, Klaus Graf Stauffenberg (wie Anm. 65).
80 Hans Speidel, Aus unserer Zeit. Erinnerungen, Berlin 1977, S. 69.
81 Zit. nach Schulthess, Stauffenberg (wie Anm. 58), S. 68f.
82 Zit. nach Ger van Roon, Neuordnung im Widerstand, München
    1967, S. 286.
83 Kaltenbrunner an Bormann, 8.8.1944, in: Kaltenbrunner-Berichte
    (wie Anm. 41), Bd. 1, S. 173.
84 Schriftliche Mitteilung von Dagmar Gräfin Baudissin geb. Gräfin
    Dohna, vom 14.11.1963, Bundesarchiv Koblenz, N 1416, Bd. 3.
85 Zit. nach Henric Wuermeling, Doppelspiel. Adam von Trott zu
    Solz im Widerstand gegen Hitler, München 2004, S. 171.
86 John, Zweimal kam ich heim (wie Anm. 21), S. 146.
87 Ebd., S. 156f.
88 Gisevius, Bis zum bittern Ende (wie Anm. 13), S. 525.
89 Ebd., S. 533.
90 Zit. nach Ulrich Schlie (Hg.), Albrecht von Kessel (1902–1976): Als
    Diplomat in Krieg und Nachkrieg, Wien 2008, S. 20.
91 Kaltenbrunner an Bormann 8.8.1944, in: Kaltenbrunner-Berichte
    (wie Anm. 41), Bd. 1, S. 175.

92 Schriftliche Mitteilung von Paul K. Schmidt-Carrell an den Verfasser vom 22. Mai 1996, sowie Ingeborg Fleischhauer, Die Chance des Sonderfriedens. Deutsch-sowjetische Geheimgespräche 1941–1945, Berlin 1986.

93 Dulles-Bericht vom 26.1.1945, in: Neal H. Petersen, From Hitler's doorstep. The wartime intelligence reports of Allen Dulles, University Park (Pennsylvania) 1996, S. 437ff.

94 Kaltenbrunner an Bormann 31.7. 1944, in: Kaltenbrunner-Berichte (wie Anm. 41), Bd. 1, S. 111.

95 Mündliche Mitteilung von Klaus E. Franke an den Verfasser vom März 1992.

96 Otto John, Falsch und zu spät. Der 20. Juli 1944, Berlin 1984, S. 259.

97 Hans Speidel, Invasion 1944. Ein Beitrag zu Rommels und des Reiches Schicksal, Tübingen, Stuttgart 1949, S. 133.

98 Aufzeichnung Elmar Michel, 15.10.1945, IfZ, Sammlung Zeller, ED 88/2.

99 Kaltenbrunner an Bormann, 8.8.1944, in: Kaltenbrunner-Berichte (wie Anm. 41), Bd. 1, S. 174.

100 Peter Sauerbruch, Bericht eines ehemaligen Generalstabsoffiziers über seine Motive zur Beteiligung am militärischen Widerstand, in: Aufstand des Gewissens. Militärischer Widerstand gegen Hitler und das NS-Regime 1933–1945, hg. vom Militärgeschichtlichen Forschungsamt, Herford, Bonn 1985, S. 428.

101 Zit. nach Schulthess, Stauffenberg (wie Anm. 58), S. 72.

102 Bussche-Streithorst, Eid und Schuld (wie Anm. 57), S. 1ff.

103 Sauerbruch, Bericht (wie Anm. 100), S. 431.

104 Zit. nach Kramarz, Stauffenberg (wie Anm. 61), S. 131.

105 Helmuth von Moltke an Freya 19.7.1943, in: Helmuth James von Moltke, Briefe an Freya 1939–1945, hg. von Beate Ruhm von Oppen, München 1991, S. 509; Helmuth von Moltke an Freya 31.12.1943, in: ebd., S. 580.

106 So der Titel der Memoiren von Otto John.

107 Vgl. Johannes Hürter, Auf dem Weg zur Militäropposition. Tresckow, Gersdorff, der Vernichtungskrieg und der Judenmord. Neue Dokumente über das Verhältnis der Heeresgruppe Mitte zur Einsatzgruppe B im Jahr 1941, in: Vierteljahrshefte für Zeitgeschichte 52 (2004), S. 527ff.

108 Bussche-Streithorst, Eid und Schuld (wie Anm. 57), S. 1ff.

109 Sauerbruch, Bericht (wie Anm. 100), S. 432.

110 Fabian von Schlabrendorff (Offiziere gegen Hitler, hg. von Gero von Gaevernitz, Zürich 1946, S. 93f.) irrt, wenn er schreibt, Witzleben habe diesen Befehl schon 1943 formuliert.

111 Generalmajor Freiherr von Gersdorff, Beitrag zur Geschichte des 20. Juli 1944, IfZ, Sammlung Zeller, ED 88/1, S. 93ff.

[112] Ewald von Kleist, mündliche Mitteilung an den Verfasser vom 2. Mai 2008.

[113] Sauerbruch, Bericht (wie Anm. 100), S. 433.

[114] Zit. nach Schulthess, Stauffenberg (wie Anm. 58), S. 84.

[115] Hoffmann, Stauffenberg (wie Anm. 37), S. 387.

[116] Bericht Urban Thiersch, ehemaliger Oberleutnant der Artillerie, über seine Begegnungen mit Oberst Graf Stauffenberg im Juli 1944, IfZ, Sammlung Zeller, ED 88/2, S. 333ff.

[117] Ebd.

[118] Schulthess, Stauffenberg (wie Anm. 58), S. 81.

[119] Bericht Eberhard von Breitenbach vom 8.4.1948 über seine Begegnung mit Henning von Tresckow, IfZ, Sammlung Scheurig, ED 85.

[120] Sauerbruch, Bericht (wie Anm. 100), S. 433.

[121] Zit. nach Gregor Schöllgen, Ulrich von Hassell 1881–1944. Ein Konservativer in der Opposition, München 1990, S. 172.

[122] Zit. nach Helmut Gollwitzer, Käthe Kuhn, Reinhold Schneider (Hgg.), Du hast mich heimgesucht bei Nacht. Abschiedsbriefe und Aufzeichnungen des Widerstandes 1933–1945, München 1954, S. 242.

[123] Carl Zuckmayer, Memento zum 20. Juli 1969, in: Aufruf zum Leben, Frankfurt/Main 1975, S. 67ff.

[124] Hans Rothfels, Die deutsche Opposition gegen Hitler, Frankfurt/Main 1965 (^{1}1949), S. 199; Joachim Fest, Staatsstreich. Der lange Weg zum 20. Juli, Berlin 1994, S. 325ff.

[125] Theodor Heuss, Der 20. Juli 1944, in: Der 20. Juli 1944. Reden zu einem Tag der deutschen Geschichte, Bd.1, hg.von der Gedenkstätte Deutscher Widerstand, Berlin 1984, S. 51ff.

[126] Hermann Heimpel, Der Mensch in seiner Gegenwart, in: ders., Der Mensch in seiner Gegenwart, Göttingen 1954, S. 30.

[127] Wilhelm Ersil, Das außenpolitische Programm der militärischen Verschwörung vom 20. Juli 1944, in: Deutsche Außenpolitik 4 (1957), S. 745.

[128] Marion Gräfin Dönhoff, »Um der Ehre willen«. Erinnerungen an die Freunde vom 20. Juli, Berlin 1994, S. 186.

[129] Clarita von Trott, in: Steinhoff, Pechel und Showalter, Deutsche im Zweiten Weltkrieg (wie Anm. 8), S. 526.

[130] Zit. nach Schulthess, Stauffenberg (wie Anm. 58), S. 200.

[131] Ebd., S. 84.

[132] Ebd., S. 201.

[133] Ebd., S. 214.

[134] Theodor Steltzer, Sechzig Jahre Zeitgenosse, München 1966, S. 160.

[135] Theodor Steltzer, Der 20. Juli und die Bewältigung der Zukunft. Zum Gedächtnis des 17. Juni 1953 und des 20. Juli 1944, in: Die

Stellung der Universität zu den politischen und gesellschaftlichen Problemen unserer Zeit, Frankfurt/Main 1962, S. 57ff.

[136] Gerstenmaier, Streit und Friede hat seine Zeit (wie Anm. 22), S. 321.

[137] Dönhoff, »Um der Ehre willen« (wie Anm. 128), S. 191.

[138] C.L. Sulzberger, Full Story of Anti-Hitler plot shows that Allies refused to assist, in: New York Times vom 18.3.1946.

[139] Ernst Reuter, Der 20. Juli – Das erste Fanal, Rede zum 20. Juli 1953, in: Reden (wie Anm. 125), Bd. 1, S. 39.ff.

[140] Zit. nach Rothfels, Die deutsche Opposition (wie Anm. 124), S. 199.

[141] Barbara von Haeften, Nichts Schriftliches von Politik. Hans Bernd von Haeften. Ein Lebensbericht, München 1997.

[142] Schriftliche Mitteilung von Heimeran Graf von Stauffenberg an den Verfasser vom 8. Mai 1989.

[143] Ebd.

[144] Kramarz, Stauffenberg (wie Anm. 61),

[145] Zeller, Geist der Freiheit (wie Anm. 64),

[146] Peter Hoffmann, Widerstand, Staatsstreich, Attentat. Der Kampf der Opposition gegen Hitler, München 1969; Christian Müller, Oberst i. G. Stauffenberg. Eine Biografie, Düsseldorf 1970.

[147] Hoffmann, Stauffenberg (wie Anm. 37).

[148] Hans Bentzien, Claus Schenk Graf von Stauffenberg. Der Täter und seine Zeit, Hannover 1997, S. 322ff; Schulthess, Stauffenberg (wie Anm. 58).

[149] Nina Schenk Gräfin von Stauffenberg, Das Halsband der Anna Iwanowa. Geschichte und Geschichten meiner Eltern, Bamberg (Privatdruck) 1966.

[150] Nina von Stauffenberg, in: Dorothee von Meding (Hg.), Mit dem Mut des Herzens. Die Frauen des 20. Juli, München 1995, S.287ff.

[151] Spiegelbild einer Verschwörung. Die Kaltenbrunner-Berichte an Bormann und Hitler über das Attentat vom 20. Juli 1944. Geheime Dokumente aus dem ehemaligen Reichssicherheitshauptamt, hg. von Karl Heinrich Peter, Stuttgart 1961; Hans Rothfels, Der Zerrspiegel des 20. Juli, in: Vierteljahrshefte für Zeitgeschichte 10 (1962), S. 62ff. Gegenüber dieser problematischen Erstveröffentlichung liegt seit den 1980er Jahren auch die von einem Zeithistoriker mit einer Einleitung versehene Edition vor: Hans-Adolf Jacobsen (Hg.), Spiegelbild einer Verschwörung, Stuttgart 1984.

[152] Die Tagebücher von Joseph Goebbels (wie Anm. 18); Speer, Erinnerungen (wie Anm. 19).

[153] Rudolf-Christoph von Gersdorff, Soldat im Untergang. Lebensbilder, Frankfurt/Main, Berlin, Wien 1979; Heusinger, Befehl im Widerstreit (wie Anm. 4); Herwarth, Zwischen Hitler und Stalin (wie Anm. 73); Hammerstein-Equord, Spähtrupp (wie Anm. 17);

de Maizière, In der Pflicht (wie Anm. 52); von der Leyen, Rückblick zum Mauerwald (wie Anm. 67); John, Zweimal kam ich heim (wie Anm. 21); Speidel, Aus unserer Zeit (wie Anm. 80); Stahlberg, Die verdammte Pflicht (wie Anm. 77); Warlimont, Im Hauptquartier der deutschen Wehrmacht (wie Anm. 5).

154   Clarita von Trott zu Solz, Adam von Trott zu Solz. Lebensbeschreibung, Berlin 1994; Moltke, Briefe an Freya (wie Anm. 105); Helmuth James von Moltke, Im Land der Gottlosen. Tagebuch und Briefe aus der Haft 1944/45, hg. von Günter Brakelmann, München 2009.

155   Sabine Gillmann, Hans Mommsen (Hgg.), Politische Schriften und Briefe Carl Friedrich Goerdelers, 2 Bde, München 2003.

156   Aufstand des Gewissens. Militärischer Widerstand gegen Hitler und das NS-Regime 1933–1945, im Auftrag des Bundesministers der Verteidigung zur Wanderausstellung hg. vom Militärgeschichtlichen Forschungsamt, Herford/Bonn 1985.

157   Karl Josef Partsch, Stauffenberg: das Bild des Täters, in: Europa-Archiv vom 20.7.1950, S. 3196ff.

158   Schlabrendorff, Offiziere gegen Hitler; Ulrich von Hassell, Die Hassell-Tagebücher 1938–1944: Aufzeichnungen vom Andern Deutschland, unter Mitarbeit von Klaus Peter Reiß hg. von Friedrich Freiherr Hiller von Gaertringen, Berlin (West) 1988 [Zürich ¹1946]; Allen Dulles, Germany's Underground, New York 1947; Rudolf Pechel, Deutscher Widerstand, Zürich 1947; Hans Rothfels, The German opposition to Hitler, Hisdale/Illinois 1948.

159   Gisevius, Bis zum bittern Ende (wie Anm. 13).

160   Foertsch, Schuld und Verhängnis (wie Anm. 53).

161   Karl Michel, Ost und West – der Ruf Stauffenbergs, Zürich 1947; Alexander Graf Schenk von Stauffenberg, Claus Graf Schenk von Stauffenberg, in: Lebensbilder aus dem Bayerischen Schwaben, hg. von Götz Freiherr von Pilnitz, Bd. 3, München 1954, S. 449ff.; Zeller, Geist der Freiheit (wie Anm. 64); ders., Claus und Berthold von Stauffenberg, in: Vierteljahrshefte für Zeitgeschichte 12 (1964), S. 223ff.

162   Eberhard Zeller, Oberst Claus Graf Stauffenberg. Ein Lebensbild, Paderborn 1994.

163   Gerhard Ritter, Carl Goerdeler und die deutsche Widerstandsbewegung, Stuttgart 1954.

164   Joachim Kramarz, Claus Graf Stauffenberg. 15.11.1907 – 20.7.1944. Das Leben eines Offiziers, Frankfurt/Main 1965.

165   Bodo Scheurig, Claus Graf Schenk von Stauffenberg, Berlin 1964.

166   Daniil Melnikow, 20. Juli 1944: Legende und Wirklichkeit, Hamburg 1968.

167   Kurt Finker, Stauffenberg und der 20. Juli, Berlin (Ost) 1970.

[168] Venohr, Stauffenberg (wie Anm. 54).

[169] Hoffmann, Stauffenberg (wie Anm. 37).

[170] Hartmut von Hentig, Nichts war umsonst. Stauffenberg in Not, Göttingen 2008.

[171] Karl Fischer, Ich fuhr Stauffenberg (wie Anm. 3).

[172] Harald Steffahn, Stauffenberg, Reinbek bei Hamburg 1994; Bentzien, Stauffenberg (wie Anm. 148); Peter Hoffmann, Stauffenberg und der 20. Juli, München 1998; Peter Steinbach, Claus von Stauffenberg. Zeuge im Feuer, Leinfelden-Echterdingen 2007; Bußmann, Stauffenberg (wie Anm. 45), S. 369ff; Peter Hoffmann, Claus Schenk Graf von Stauffenberg – Der Attentäter, in: Klemens von Klemperer u. a. (Hgg.), »Für Deutschland«. Die Männer des 20. Juli, Frankfurt/Main u. a. 1994, S. 233ff.

[173] Gerd R. Ueberschär, Stauffenberg. Der 20. Juli 1944, Frankfurt/Main 2004; Guido Knopp, Stauffenberg. Die wahre Geschichte, München 2008.

[174] Alexander Meyer, Berthold Schenk Graf von Stauffenberg (1905–1944). Völkerrecht im Widerstand, Berlin 2001; Christ, Der andere Stauffenberg (wie Anm. 47).

[175] Tobias Kniebe, Operation Walküre. Das Drama des 20. Juli, Berlin 2008.

[176] Den besten Gesamtüberblick über den deutschen Widerstand gegen Hitler vermitteln immer noch das wiederholt aufgelegte Buch von Hans Rothfels (Die deutsche Opposition) (wie Anm. 124), sowie Joachim Fest (Staatsstreich. Der lange Weg zum 20. Juli, Berlin 1994); neben Peter Hoffmann bleibt Ger van Roon (Neuordnung im Widerstand (wie Anm. 82)) grundlegend. Einen guten Überblick über Facetten des zivilen und militärischen Widerstands gibt der Sammmelband: Der Widerstand gegen den Nationalsozialismus. Die deutsche Gesellschaft und der Widerstand gegen Hitler, hg. von Jürgen Schmädeke und Peter Steinbach, München, Zürich 1984.

[177] Carsten, Reichswehr und Republik 1918–1933 (wie Anm. 81).

[178] Rudolf Absolon, Die Wehrmacht im Dritten Reich (Schriften des Bundesarchivs), 6 Bde, Boppard/Rhein 1969–1996; Gert Buchheit, Soldatentum und Rebellion. Die Tragödie der deutschen Wehrmacht, Rastatt 1961; Klaus-Jürgen Müller, Das Heer und Hitler. Armee und nationalsozialistisches Regime 1933–1940, Stuttgart 1969.

[179] Grundlegend Waldemar Erfurth, Die Geschichte des deutschen Generalstabs 1918–1945, Göttingen 1957; Andreas Hillgruber, Der Zweite Weltkrieg, Stuttgart 1982.

[180] Militärgeschichtliches Forschungsamt (Hg.), Das Deutsche Reich und der Zweite Weltkrieg, 10 Bde, Stuttgart, München 1979–2008;

daraus besonders Rolf-Dieter Müller, Hans-Erich Volkmann
(Hgg.), Die Wehrmacht. Mythos und Realität, München 1999.

[181]   Peter Hoffmann, Peace through Coup d'Etat: The Foreign Con-
tacts of the German Resistance 1933–1944, in: Central European
History 19 (1986), S. 3ff; ders., Colonel Claus von Stauffenberg in
the German resistance to Hitler: Between East and West, in: Historical Journal 31 (1988), S. 629ff; ders., The Question of Western
allied co-operation with the German anti-Nazi conspiracy, in:
Historical Journal 34 (1991), S. 437ff; Klemens von Klemperer, Die
verlassenen Verschwörer. Der deutsche Widerstand auf der Suche
nach Verbündeten 1938–1945, Berlin 1994.

[182]   Bodo Scheurig, Henning von Tresckow. Ein Preuße gegen Hitler.
Biografie, Berlin 2004; Klaus-Jürgen Müller, Generaloberst Lud-
wig Beck. Eine Biografie, Paderborn 2008; Dorothee Beck, Julius
Leber. Sozialdemokrat zwischen Reform und Widerstand, Berlin
1983; Michael Balfour, Julian Frisby, Freya von Moltke, Helmuth
James Graf von Moltke 1907–1945, Stuttgart 1975.

[183]   Thomas Karlauf, Stefan George. Die Entdeckung des Charisma,
München 2008; Werner Bräuninger, Claus von Stauffenberg. Die
Genese des Täters aus dem Geiste des Geheimen Deutschland,
Wien, Leipzig 2002; Manfred Riedel, Geheimes Deutschland.
Stefan George und die Brüder Stauffenberg, Köln, Weimar, Wien
2006.

[184]   Thomas Carlyle, Thoughts on history, in: Fraser's magazine for
town and country 2 (10), November 1830, S. 414.

Personenregister

Mussolini, Benito 14, 36
Olbricht, Friedrich von 19ff., 26,
  31ff., 37, 101f., 111, 135f., 180
Oppen, Georg Sigismund von 22
Oster, Hans 99f., 109, 115, 142
Oven, Margarethe von 136
Papen, Franz von 59
Partsch, Karl Josef 173, 186
Pechel, Rudolf 174, 180, 186
Popitz, Johannes 130f.
Puttkamer, Karl Jesko von 35
Reerink, Werner 82, 182
Reichenau, Walter von 66
Reichwein, Georg 124, 142
Remer, Otto Ernst 26f.
Reuter, Ernst 168, 185
Ribbentrop, Joachim von 77, 85,
  123f.
Rilke, Rainer Maria 44
Ritter, Gerhard 175, 186
Roell, Ernst Günther von 32
Rommel, Erwin 94f., 125ff., 153
Roosevelt, Franklin D. 104, 110f.,
  123
Rothfels, Hans 149f., 174, 184ff.
Rundstedt, Gerd von 78, 110
Salin, Edgar 51, 180
Sarre, Friedrich 115
Sauerbruch, Peter 60, 88, 128, 135,
  138f., 183
Schacht, Hjalmar 114
Scheibe, Richard 168
Scherff, Walter 35
Scheurig, Bodo 9, 175, 178, 187, 188
Schiller, Friedrich von 134, 165
Schlabrendorff, Fabian von 143,
  166, 173, 183
Schleicher, Kurt von 59f., 65, 98f.
Schmundt, Rudolf 35
Schulenburg, Ehrengard Gräfin
  von der 136
Schulenburg, Fritz-Dietlof Graf
  von der 23, 28, 126, 131, 158

Schulenburg, Friedrich-Werner
  von der 89, 119, 123
Schulze-Gaevernitz, Gero von
  111, 118, 151,173, 183
Schweizer, Karl 19, 180
Schwerin von Schwanenfeld,
  Ulrich Wilhelm Graf 12, 29,
  126, 158
Seeckt, Hans von 55, 181
Semjonow, Wladimir 123
Shakespeare, William 43, 53, 134
Singer, Bryan 147
Speer, Albert 13, 26, 172, 179, 185
Speidel, Hans 99, 126, 173, 182f.
Stahlberg, Alexander 92f., 173,
  182, 186
Stalin, Josef 77, 119, 123
Stauffenberg, Alexander Schenk
  Graf von, CSs Bruder 5, 42f.,
  47, 49, 51f., 171, 174, 177, 179,
  181, 186
Stauffenberg, Alfred Schenk Graf
  von, CSs Vater 42ff.
Stauffenberg, Berthold Schenk
  Graf von, CSs Bruder 11f., 22,
  45f., 47ff., 51f, 96, 107, 119, 132,
  144, 148, 171, 177, 186f.
Stauffenberg, Caroline Schenk
  Gräfin von, geb. Gräfin Üx-
  küll-Gyllenband, CSs Mutter
  42ff., 53, 172
Stauffenberg, Hans-Christoph
  Freiherr von, CSs Vetter 105
Stauffenberg, Konstanze Schenk
  Gräfin von (verh. Konstanze
  von Schulthess), CSs Tochter
  139, 159, 172, 181
Stauffenberg, Nina Schenk Gräfin
  von, geb. Freiin von Lerchenfeld, CSs Ehefrau 44, 50, 62f.,
  68, 70, 76, 96, 103, 129, 139,
  143, 159, 170, 172, 181, 185
Steinbach, Peter 177, 187

Bildnachweise

Alle Abbildungen mit freundlicher
    Erlaubnis der Gedenkstätte
    Deutscher Widerstand, Berlin.
Vorderes Vorsatz:
Karte: Klaus Kühner, huettenwerke.de
Hinteres Vorsatz:
Gedenkstätte Deutscher Wider-
    stand, Berlin: Auslösung der
    Operation Walküre, 2. Stufe,
    durch Albrecht Ritter Mertz
    von Quirnheim unterschriebe-
    nes Fernschreiben vom 20. Juli
    1944, 18.15 Uhr.

Geheim

Geheime

Mit Anschrif
An
Stellv.
(III d
XVIP, X
W.Kdo.G

1.) Walküre 2.Stufe für W.
unter Rückgriff auf sä
notfalls einschl. der
X - Zeit 20.7.

2.) Entnommene Waffen, Gr
Zeugämtern und Parken
melden.

3.) Gliederung, Stärken
sind bis 21.7. 12.0
zu melden.

4.) Die im W.Kdo.Böhmen/
nahmen sind entspre
heiten sind gemäß